图说 中国古代 体育

Illustrated History of Ancient Chinese Sports

编 著 崔乐泉

世界图书出版公司

西安 北京 广州 上海

图书在版编目（CIP）数据

图说中国古代体育 / 崔乐泉编著 . —2 版 . —西安：
世界图书出版西安有限公司，2017.7（2018.12 重印）
ISBN 978-7-5192-2551-3

Ⅰ . ①图… Ⅱ . ①崔… Ⅲ . ①古代体育—中国—通俗
Ⅳ . ① G812.92-49

中国版本图书馆 CIP 数据核字（2017）第 103769 号

书 名	**图说中国古代体育**
	Tushuo Zhongguo Gudai Tiyu
编 著	崔乐泉
责任编辑	冀彩霞
出版发行	世界图书出版西安有限公司
地 址	西安市北大街 85 号
邮政编码	710003
电 话	029-87233647（市场营销部）
	029-87235105（总编室）
传 真	029-87279675
经 销	全国各地新华书店
印 刷	保定市正大印刷有限公司
开 本	787mm×1092mm 1/16
印 张	17
字 数	200 千字
图 片	440 幅
版 次	2017 年 7 月第 2 版 2018 年 12 月第 5 次印刷
书 号	ISBN 978-7-5192-2551-3
定 价	68.00 元

☆如有印装错误，请寄回本公司更换☆

前 言
Foreword

中国古代体育是中国古代人民劳动与智慧的结晶，也是中国古代文明的重要组成部分。源远流长的中国古代体育，其初始可以上溯到史前时期的蛮荒时代。随着史前人类社会生产的发展、社会生活的变化和人类文化的进步，原始状态的体育活动，诸如球类运动、射箭、角力、搏击，甚至保健养生体育开始初具雏形，原始体育的内容得到了进一步的丰富。

史前时期球戏图（云南沧源岩画）

Chinese ancient sports, one part of Chinese ancient civilization, are the crystallization of people's labor and wisdom in ancient times. Originating from the prehistoric time, Chinese ancient sports have had a long history. With the development of civilization, many changes took place in the process of history. Consequently, a lot of sports and games came into being, in their embryonic forms. The primitive sports, such as the ball games, archery, boxing, even some games for healthpreservation, etc. obtained meaningful contnets.

夏商周时期（前 2070 ~ 前 221 年），随着社会制度的健全和文化经济生活的进步，中国古代体育活动体系在继承了原始社会雏形状态的体育的基础上，开始逐步形成、发展了起来。其中，除了军事战争的频繁，促使人们对体育的某些活动形式给予重视之外，还有一个重要原因，这就是统治者出于祭祀、朝会大礼等诸种礼仪的需要，客观上为许多体育活动形式制定了某些法规，这可以说是古代体育活动最初的运动法规。同时，由于礼治服务的需要，将一些体育活动形式列为教育的一项内容，亦对古代体育的发展产生了一定的影响。

During the dynasties of Xia, Shang, and Zhou (2070 B.C~221 B.C), Chinese ancient sports system took shape,based on their embryonic forms. There were a few reasons to enhance the progress of the system. First of all, frequent wars forced people to pay more attention to some sports activities. Secondly, the rulers in ancient times formulated laws and regulations of many sports forms so as to satisfy the requirements of sacrificial offering, or various kinds of etiquette needs. Thirdly, in order to meet some ritual service needs, the rulers included some sports games into their educational progrmams, which has had certain influence on the development of sports.

秦汉时期（前 221 ~ 220 年），统一的多民族帝国的建立，经济、政治和文化的发展，加速了全国各个地区不同的文化传统和风俗习惯的相染相融的进程，为体育的全面勃兴创造了有利条件，中国古代体育也由此走上了一个初步兴盛的时期。这时，商周时期各项已具雏形的丰富多彩的体育活动基本上得到继承，有些运动项目开始向规范化方向发展。同时，一些新的体育活动形式开始陆续产生；某些类别的体育活动亦初步自成体系，且独具特色。就整个中国古代体育在这一时期所处的地位而言，在多样化、定型化和普及化诸方面均获得了前所未有的发展，是中国体育发展史上承先启后的重要时期。

During the dynasties of Qin, Han(221 B.C~220 A.D.) ancient sports developed quickly. After the establishment of a unified, multi-national empire, the development of economy, politics and culture accelerated the melting of different cultures, traditions, manners and customs. The changes were beneficial to the vigorous growth of sports. During this period, the sports programs originating from the previous times developed in size and the standard. At the same time, new items of sports games emerged one after another. Some categories of sports games also formed their initially unique systems. It was a very important period in which Chinese ancient sports developed in all aspects and in which Chinese ancient sports underwent a transitional period.

由魏晋南北朝到隋唐五代（220～960年），中国封建社会经历了从战乱频繁、分裂割据到一统帝国、社会高度发展的变化时期。魏晋南北朝之际，受社会发展的影响，中国古代体育在这时的发展极不平衡。一方面，许多运动项目，如球类运动、技巧运动等渐趋衰落，文弱之风蔓延于士人之中；另一方面，由于战争的刺激，武术及与之相关的身体活动又在一定范围内有所发展。

The developement of Chinese ancient sports was extremely out of balance from the third century to the tenth. During 220 A.D.~960 A.D., China experienced frequent wars and peace breaks alternatively. In the dynasties of Wei, Jin, the South and North (220 A.D.~581 A.D.), wars

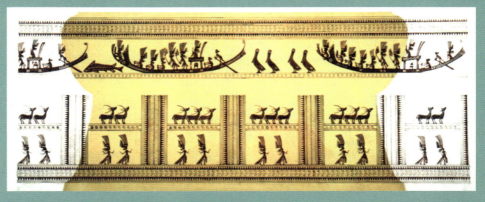

西汉龙舟竞渡纹铜鼓纹饰展开图（广西西林县出土）

occurred continuously. Chinese ancient sports had developed unsteadily. On the one hand, many sports, such as ballgames and athletic events, the skills games had declined gradually because many scholars had indulged into gentle games. One the other hand, the martial arts and games related to martial arts had developed prosperously because of the influence of wars.

随着隋唐时代统一的帝国的建立和人民社会生活开始趋于稳定，特别是封建统治者对军事和科举（包括武举）制度的重视，有力地促进了体育活动的全面勃兴，出现了中国古代体育历史上发展的鼎盛局面。首先，已成体系化的各类体育活动形式更加多样化；第二，各类体育活动形式进一步深入到社会的各阶层；第三，随着国内各民族之间及中外民族之间文化的交流，体育也受到了较大的影响。这种体育的交流对人类体育文化的发展起到了很大的促进作用。

In the Sui dynasty (581 A.D.~618 A.D.) and the Tang dynasty (618 A.D.~907 A.D.), peace prevailed and people lived a stable life. The feudal rulers paid more attention to the military and the imperial

西魏步、骑武艺作战图壁画（甘肃省敦煌市莫高窟第 285 窟壁画）

examinations (including military examination). With the prosperous development, Chinese ancient sports ahd their heyday. First of all, the already systematic sports activities became varied in forms. Secondly, the sports games attracted various classes of people. Thirdly, the crosscultural communication and exchange between domestic nationalities and between China and other countries greatly influenced the development of sports.

宋辽金元时期（960～1368年），由于封建经济和文化的繁荣，使得作为一种文化现象的古代体育也达到了较快的发展。与此相适应，在商品经济的孕育下，随着市民文化的勃兴和城镇的繁荣，推动了以健身、娱乐为主体的体育活动的发展，传统的体育形式进一步深入民间，开展得更为普遍。而辽、金、元这些入主中原的少数民族统治者，由于社会习俗的差异和以其在生活中养成的强悍、尚武的个性，也形成了与中原地区颇为不同的独特的体育风尚，成了中国古代体育的有机组成部分。

During the dynasties of Song, Liao, Jin and Yuan (960 A.D.~1368 A.D.), Chinese ancient sports developeed rapidly. During this period, the feudal economy and culture were booming prosperous, some kinds of trades in the bud. Therefore, the common people were interested in sports games to enjoy themselves or for the purpose of exercise and relaxation. On the other hand, the minority nationalities came into power in the Yellow River area. With intrepidity, they added ethnic customs to the Chinese ancient sports.

明清时期（1368～1911年），高度繁荣的经济、文化和相对完备的政治制度，为体育活动的开展与体系的进一步完善奠定了物质基础。特定的社会环境，使这一时期的体育表现出两个突出的特点：一是各项体育活动的技术技巧在原有的基础上有明显的提高，规则方法也较前代详尽，可以说是古代体育大总结的时期；一是民众参加体育活动的人数迅速增加，是民间体育空前活跃的时期。而且运动形式基本上继承了古代传统的体育活动内容，如传统的武术

元代刘贯道绘《元世祖射猎图》（台北"故宫博物院"藏）

热潮空前高涨，射箭、摔跤持续发展，水上和冰嬉活动异常活跃，儿童体育蓬勃兴起，保健养生术广为应用，棋类活动高峰迭起。所有这些，都构成了明、清时期体育运动的主要内容。

During the dynasties of Ming and Qing (1368 A.D.~1911 A.D.), the prosperous economy, culture and the relatively complete political system laid the material base for the development of sports. In this particular period, Chinese sports had two features. First, this is a summary period for Chinese sports, in which the technical skills of each game were enhanced and the regulations became more detailed. Second, the number of participants in sports rapidly increased, the folk sports in its heyday. The main contents of Chinese sports in this period included the following: traditional martial arts, which became increasingly popular, archery, wrestling games, which developed without interruption. Moreover, the aquatic and the ice games were exceptionally active, while the children's sports games and the chess games vigorously emerged. More and more people participated

唐代彩绘陶习武俑
（河南省洛阳出土）

in sports for health purpose.

　　产生、发展于中国古代社会传统文化氛围之中的长达数千年的中国古代体育，在其走向高度发展的同时，其中的许多运动形式，如球类运动等，与中国封建社会发展的趋势一样，也逐渐地走向衰落。但同这一时期作为中国历史上一个巨大转变的时代一样，古代体育中个别项目的衰落，正预示着一个新的变更时代的到来。鸦片战争以后，随着西方现代体育传入中国，由古代发展而来的中国传统体育也开始焕发了青春，站在了中华民族传统体育的新的起跑线上。

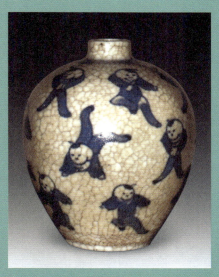

清代青花童子习武纹鼻烟壶
（中国体育博物馆藏）

Chinese ancient sports developed with Chinese traditional culture. After several thousand years, Chinese feudal society gradually declined. So did Chinese ancient sports games, especially some ball games. However, after the Opium War, Chinese ancient sports presented a new look, along with the introduction of western modern sports. Chinese traditional sports stood at a new starting line.

崔乐泉

目　录

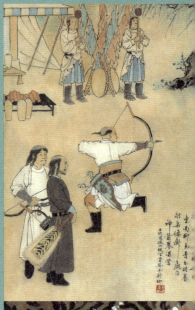

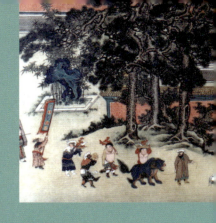

射箭，是中国古代一项历史悠久的传统体育项目，它源于远古人类进行狩猎和保卫自身安全的需要。在中国古代，射箭不仅是一项民间的竞技活动和军队中的军事训练项目，同时也是人们娱乐和学校体育教育的主要内容之一，是不同历史时期在不同领域中广为盛行的活动内容。中国古代的射箭形式多样，内容丰富，主要包括了习射、射侯、战射、弋射、弩射和猎射六个大的类型。不同的射箭形式在历史的发展中虽然功能各异，但至清代末年，随着现代火器的发展并使用于战争，射箭的原始意义被日益削弱，逐渐地成了一项以娱乐、竞技和锻炼身体为主要目的的专门的传统体育运动。

清代王翚等绘《康熙南巡图》局部·骑马（故宫博物院藏）

射箭活动

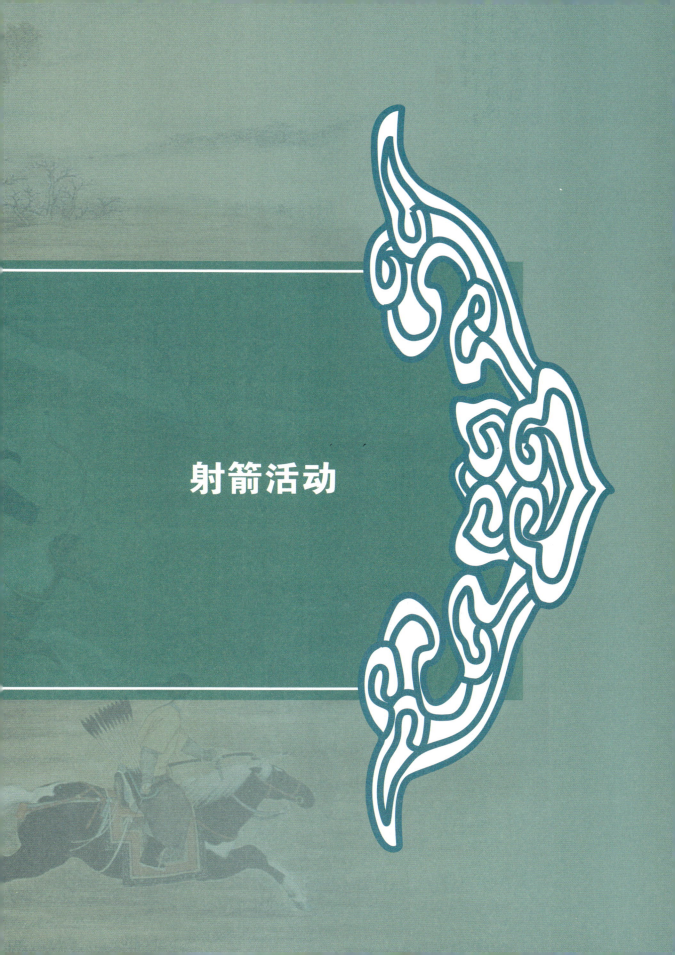

图说中国古代体育

习 射

射箭，历史悠久，源远流长。据有关的考古资料，在距今两万八千多年前的山西峙峪人文化遗址中发现了磨制的石箭头，表明当时已经使用弓箭了。

弓箭的出现，使得先民掌握了一种异常先进的工具。所以，在上古人类的心目中，弓箭自然成了一种战胜天灾的威力无比的法宝，而最初的优秀射手也被当作神来崇拜。古代神话中的后羿，就是一位善射的

旧石器时代石镞（山西省朔县峙峪出土）

原始人的射猎活动（选自《中国远古文化》）

英雄，传说他用弓箭射落了九个给人类带来灾难的太阳，为百姓创造了幸福。后羿，堪称远古时代第一个优秀射手。从此，射箭作为一项武艺活动，在历史上开始了其漫长的发展历程。

后羿射日图（选自《楚辞图》）

商周时代，由于青铜箭镞的大量使用，进一步提高了当时的射箭水平。周代，习射活动在社会生活中的地位进一步增强，被称为"男子之事"。当时的人们也对射箭表现出了极大的关注和热情。同时，由于战事频繁，射箭的普及范围更加扩大。魏国的著名改革家李悝，曾下过一道"习射令"，规定人们发生纠纷后打官司时，先进行射箭比赛，谁射得准，官司就断谁赢。这虽有些荒唐，但李悝的目的在于鼓励人们学习习射的本领，反映了当时对射箭的重视。

战国铜箭镞（湖北省随县曾侯乙墓出土）

随着射箭运动的普遍开展，出现了不少身怀绝技的射手。《战国策·西周策》说："楚有养由基者，善射，去柳叶者百步而射之，百发百中。左右皆曰善。"这也就是后来成语故事"百发百中"的由来。

东汉习射图壁画（内蒙古和林格尔东汉墓出土）

秦汉三国时代，习射更为普及，各类社会活动和娱乐中，常常见到以习射为主的活动。

民族大融合时期的两晋南北朝，射箭的竞技和娱乐色彩渐浓，并产生了正式的射箭竞赛活动。《北史·魏宗室常山王遵传》曾记载：孝武帝在洛阳的华林园曾举行过一次射箭比赛，当时是将一个能容两升的银酒杯悬于百步以外，19个人进行竞射，射中者即得此杯。结果，濮阳王顺喜获此奖杯。这当是我国历史上最初的奖杯赛。

隋唐以后，妇女习射活动也十分盛行，杜甫《哀江头》一诗中"翻身向天仰射云，一笑正坠双飞翼"正是对妇女们习射技艺的形象描绘。由于习射具有竞赛性与娱乐性，因而又常常成为文人们的一项文娱活动。唐代浪漫大诗人李白、诗圣杜甫，均是射箭能手。李白曾自诩为"一射两虎穿，转背落双鸢"，而杜甫在打猎中则"射飞曾纵鞚，引臂落鸳鸪"。

五代武士习射图壁画（甘肃省敦煌莫高窟第346窟壁画）

宋代的习射活动，在民间十分普及。如以习射为主的"弓箭社"，在当时的河北一带就有近600个，弓箭手3万多人。据《梦粱录》记载，南宋时的临安（今浙江杭州）民间射箭组织"射弓踏弩社"及"射水弩社"，对入社者的要求是"武艺精熟，射放娴习"，这可能就是当时民间射箭的专业运动员组织。与此相适应，政府为推广射箭活动，于元丰二年（1079年）颁布了"教法格并图像"，对习射中的步射执弓、发矢、马射等射术，均有文字说明和图解，与近代的"操典"极其类似。

辽、金、元统治下的北方少数民族，习射是他们生存的基本技能，如契丹族的射木兔、女真族的射柳、蒙古族的射狗草等习俗。这些射箭比赛都要求有很高的技巧，反映了北方少数民族对射箭的重视。

元代赵雍《挟弹游骑图》轴（故宫博物院藏）

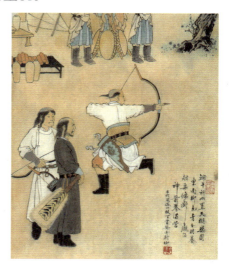

辽代射柳图（选自《古代风俗百图》）

满族自谓以"骑射立国"，所以清代的射箭活动也十分盛行。康熙六十一年（1722年），将"木兰秋狝"定为恒制，把承德作为专门的射猎场所。这更促进了习射风气的盛行，也表明此类射箭活动已逐渐脱离军事而具有明显的娱乐性，属于体育活动的范畴了。

宋代张择端绘《清明上河图》中经营弓箭用具的店铺（故宫博物院藏）

清代郎世宁《木兰围猎图》（巴黎吉美国立亚洲艺术博物馆藏）

射 侯

　　射侯又叫"射鹄"，也叫"射鼓"，也就是后来的射靶活动。侯、鹄指箭靶的中心，《礼记·射义》说："故射者各射己之鹄。"射鹄就是箭射靶心，即"射侯"。侯用皮革或布制成，其上画以熊、虎、豹、麋等兽形。侯的形状和规格，古时因射者身份的高低而有较为严格的规定。《周礼》中记载的六艺"礼、乐、射、御、书、数"，即将射箭列入其中。当时规定，男子15岁就要开始习射，成年后要按不同等级，在不同的场所继续练习射箭，而后参加每年举行的不同等级的射箭比赛。比赛时要进行饮酒、奏乐等一系列繁杂的礼仪，被称为"射礼"。这可以说是世界历史上较早的射箭比赛了。

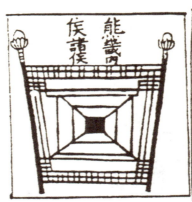
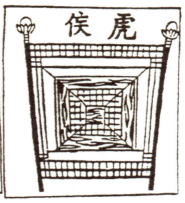

射礼仪式中周天子所用虎侯及畿内诸侯所用熊侯（选自《忘忧清乐》）

图说中国古代体育

春秋战国时期，射箭得到了更大的发展。当时思想文化领域里的诸子百家，也对射箭表现了极大的关注和热情。据《礼记·射义》所载。孔子在"矍相之圃"射箭时，观看的人围得像墙似的，这也许是孔子对弟子进行"射以观德"的教育；荀子、墨子等也都是射箭好手，并将射箭作为对学生进行教育的主要内容之一。

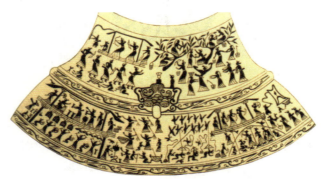

战国镶嵌宴乐攻战纹铜壶纹饰展开图中的射侯图（四川省成都百花潭出土）

从战国以迄隋唐，由于射箭的竞技和娱乐色彩渐浓，使射侯活动更为普及。在敦煌莫高窟北周时期的壁画中，也有表现射侯比赛的画面。唐代，由于射箭所具有的竞赛性与娱乐性，射侯更常常成为人们的一项文娱活动。

北周射侯图壁画（甘肃省敦煌莫高窟第290窟壁画）

　　宋代，由于射箭活动在民间十分普及。因而，人们开始打破束缚人的射礼礼法，而将其作为一种游戏形式。北宋时的欧阳修便参照古礼制定出"九射格"。九射格是将古射礼纳入酒令，并用九种动物绘为一个大侯，熊居中，上虎，下鹿，右绘雕、雉、猿，左侧雁、兔、鱼，每种动物各有筹，射中其物，则视筹所在位置而饮之。

宋欧阳修制《九射格》（选自《说郛》）

明人《宣宗行乐图》卷局部·射侯图（故宫博物院藏）

描绘吕布画戟的"辕门射戟图"（选自民间绘画）

明清时代，射侯遍及朝野，笔记小说、诗词俚曲，每见记咏，并有宫廷的、民间的绘画、版画等流传下来。在故宫博物院收藏的一幅《宣宗行乐图》中，其中第一部分即是射侯图。画面有宫中射手十四人，其中一人正拉满弓欲射，其余十三人散立其左右。远处立旗帜两面，两旗当中立侯。旗之两侧，各立两人准备拾箭。此外，清代时期的法国画家王致诚曾绘有一幅《乾隆射箭油画挂屏》，这幅画以清高宗乾隆皇帝（1735～1796年在位）在避暑山庄射箭习武为题材绘成。图中，乾隆皇帝在大臣们的

清王致诚《乾隆射箭油画挂屏》（故宫博物院藏）

陪同下，正在执弓射靶。画面侯（靶）的形象和射箭者的姿态被描绘得很有特点。

　　清代晚期，射侯已经逐渐演变为一种休闲游戏。在当时的北京城里，常见有鹄棚、箭挡儿等设置。而来射鹄的都是些纨绔子弟，他们自带弓箭，前来互相角射。许多鹄场，还演化为以射为赌，反映出射侯作为一项游艺形式，已经成为娱乐文化的重要内容。

战　射

　　战射，是古代射箭活动的一类重要形式。在古代，弓箭属于长距离杀伤性武器，因而其作为古代军队的一种军事体育项目，受到了历代统治者和军事家的高度重视和大力倡导。

　　商周时期，车战是当时主要的作战方式，而弓箭就是车战中配备的主要兵器。当时弓箭的射手在车战当中是很重要的，因为这是阻止敌人迫

汉代战射画像石线描图（山东省藤县出土）

东汉桥头交战射箭画像石（山东省苍山县出土）

近的最主要的力量。但是，要在驰骋的战车上射得远而准，实在不容易。这主要是由于战车轮子大（殷至西周的战车，车轮的直径一般在 1.22 ~ 1.46 米），重心高，再加上单辕、短舆，射手必须要有良好而扎实的基本功，才能在车上保持平衡。因此，射艺就成了当时被十分重视的训练项目。

战国宴乐渔猎攻战纹铜壶（故宫博物院藏）

　　春秋战国时期，由于社会生产力的迅速发展，尤其是铁兵器的应用，兵源的扩大，战争规模也扩大了。远射兵器弓箭的广泛使用，导致战车的作用开始被削弱。赵武灵王在同北方三胡遭遇中，深感胡服骑射便事尚功。为了吸取游牧民族军事上的优点，加强国防，他从本国国情实际出发，于公元前307年，下令举国变胡服、习骑射，目的是防范周边东胡、林胡和楼烦"三胡"的骚扰。自此以后，战射的内容增加了骑射的形式，促使了战射中骑射技能的发展，加快了武艺向多样化、复杂化发展的进程。

战国宴乐渔猎攻战纹壶战射展开图（故宫博物院藏）

秦汉以后，骑射与步射在军事武艺中的作用更为重要，在卫国强兵的军事活动中仍然具有不可忽视的地位。当时，军中涌现了许多善射的能手，最著名的是长于骑射的"飞将军"李广。据《汉书·李广传》载，一次李广外出打猎，见草丛中卧着一只猛虎，他一箭射去，火星四溅，近前一看，原来是块大石头，而箭头却已深深地射进了石头之中，足见他射箭之神力了。其后如"左右驰射"的董卓、"辕门射戟"的吕布，都是精于射箭的大将。这时，有关射箭的著述已大量付梓，仅《汉书·艺文志》中就汇载有《逢门射法》等8种69篇，说明不同特点的各家射法已经形成。

秦灰陶立射武士俑（陕西省临潼秦始皇陵兵马俑出土）

清任伯年绘《李广射石图》

晋李广骑射图壁画砖（甘肃省敦煌博物馆藏）

马箭图（选自明《三才图会》）

射法图（选自明《三才图会》）

　　唐宋以后，战射更被列为"武举"考试的重要科目。"武举制"是唐代武则天首设的一项选拔与培养军事武艺人才的制度。在其中的9项测试科目中，仅射箭就占了5项，即长垛、马射、步射、平射和筒射。反映出射箭这项军事体育活动在唐代的作用愈来愈突出。

　　自明至清，随着现代火器的逐渐普及，战射的军事意义逐渐消失，演变为纯粹的体育娱乐形式。我国现代的射箭运动，就是在继承古代传统、吸收近代世界射箭技术的基础上发展起来的。

图说中国古代体育

弋 射

在古代的射箭活动中，还有一类被称为弋射的形式。弋射的箭挺尾部系有长线，射中后引线而取物。弋射的主要目标是天空的飞鸟，弋射虽用弓弩发射，但所发射的不是长箭，而是一种"矰"，这种"矰"就是短矢。它是被系在缴上的，缴是一种很轻的丝缕。在江苏常州圩墩新石器时代遗址就出土有两件柳叶形骨镞，横断面呈圆角长方形，尾端刻有凹槽，此槽就是拴绳索的。有的遗址还出土了带孔骨镞，也是供弋射用的。圩墩遗址还发现一种滑轮状骨器，中央为一圆孔，直径2.3厘米，磨光，外沿内凹，可能是弋射时缠绕绳索的工具。

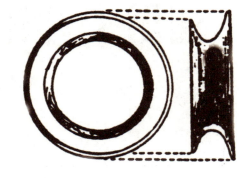

新石器时代弋射用骨镞（江苏省常州圩墩出土）　　新石器时代弋射用滑轮（江苏省常州圩墩出土）

弋射这种史前人类的狩猎手段，后来随着狩猎经济的衰落，也逐渐演变成了人们消遣娱乐的活动。尤其是春秋战国时期，弋射的应用极为普遍，在湖北省随县等地，均有弋射的形象资料被发现，说明弋射这种形式在春秋战国时期是极为流行的。

战国黑漆朱绘扶桑弋射纹箱（湖北省随县曾侯乙墓出土）

在汉代以后，这种弋射形式还被广泛应用。在出土的许多画像石、画像砖以及壁画等考古资料中，弋射的形象经常成为其装饰的主要内容。

戈射原是一种狩猎手段，后同围猎骑射一样逐渐成了统治阶级的消遣方式。这反映了弋射作为娱乐活动的延续和发展。

东汉矰缴画像石（河南省南阳市靳岗出土）

弩 射

弩射也是一种传统的体育项目。它的历史可以追溯到新石器时代。最初的弩结构极其简单，有一根木臂，其上安一竹弓，木臂后方有一简单的悬刀。原始弩是由弓箭发展而来的，鄂伦春族的地箭就是由弓发展到弩的过渡形态。我国黎、独龙、景颇、傈僳、哈尼等一些少数民族中尚存有较原始的木弩。那些弩上所安的悬刀（即板机）还是用骨角制造的。

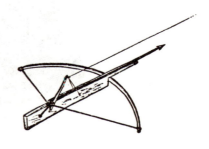

鄂伦春族的地箭（选自《中国原始社会史》）

汉代骑马射弩俑（徐氏艺术馆藏）

　　战国时期，各国军队普遍装备了强弩，不仅有用人的臂力张弩的"臂张"弩，而且有威力更强的用脚踏张的"蹶张"弩。因此，弩技就成了军队的重要训练项目，弩射理论也建立起来。据《吴越春秋》卷九《勾践阴谋外传》记载，越王勾践请楚将陈音教射，陈音曰："夫射之道，身若戴板，头若激卵，左足磋，右足横，左手若附枝，右手若抱儿，举弩望敌，心咽烟，与气俱发，得其和平，神定思去，去上分离，右手发机，左手不知，一身异教，岂况雄雌，此正射持弯之道也。"这里陈音不仅指出了身体手足的正确姿势，而且还讲了发射动作与呼吸的配合，反映了当时对弩道深入细致研究的程度。后来，越国军士经陈音三个月的教习，"皆能用弓弩之巧"，"无有不神"，证明他的弩射理论是可行的。

古代用脚踏张的"蹶张"弩（选自《干戈春秋》）

秦汉以后，不仅民间流行弩射，军队中也大量装备弩，而且还编成弩兵——"材官"，遴选体力强壮的人"脚踏疆弩"，作为军中的主力。在征伐匈奴的战斗中，弩发挥了巨大的威力，成为汉兵对抗匈奴骑兵的有力武器。西汉的弩机仍是青铜制造的，与秦以前的弩机相比，有了很大的改进：首先，在弩机的外面增加了铜制的弩郭，这比嵌装在木制弩臂上的弩机能承受更大的张力，使弩的射程增加；其次，在弩机上普遍装有"望山"——照门，以提高射击的命中率。在满城西汉中山靖王刘胜墓中，就发现了汉初带有"望山"的弩机。在35毫米长的"望山"刻度上，用金银刻成5个刻度，这种应用勾股弦定理制成的"望山"和后世枪械上的射击标尺是同一类型的瞄准具，它使弩的射击精确度大大提高。

汉代材官蹶张画像石（河南省南阳出土）

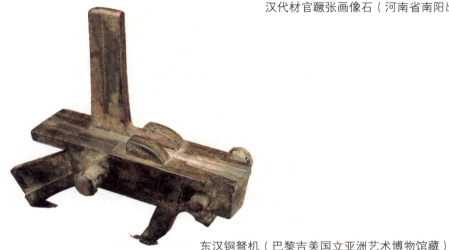

东汉铜弩机（巴黎吉美国立亚洲艺术博物馆藏）

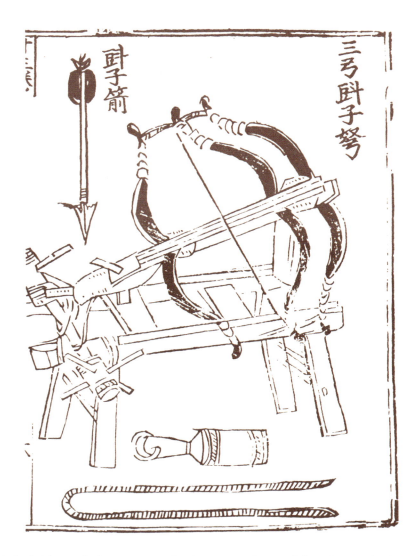

宋代《武经总要》中著录的三弓斗子弩，这时的弩已经成为一种重要的作战兵器

　　唐以后，出现了威力更为强大的车弩和床弩，它们成为军队中重要的作战武器。但却离体育运动的功能越来越远。不过，弩的发明、使用以及它的发展与演化，使其最终具备了简单地瞄准机构和发射机构，这是古代人为提高命中的精确度和利用机械能做功来抛射武器的一项重要成果，是弓箭发展史和军事射击武器发展史中的一页光辉的篇章，它为后来射击运动项目的发展奠定了技术基础。

猎　射

　　射箭形式由其发明伊始，就是早期人类生活——狩猎的一种主要手段。

　　进入夏商周社会以后，猎射已从性质上不同于原始社会先民们单一意义上的猎取食物的打猎了。而是统治者举行的带有军事性质的体育活动。大概统治阶级逐渐认识到了它的重要意义，以致到西周时射猎形成了一项制度，一年四季每季都要举行一次大规模的射猎活动。《左传》

新石器时代石镞（内蒙古自治区博物馆藏）

说："春搜、夏苗、秋狝、冬猎，皆于农隙讲武事也。"就是中春进行编队训练，教以一般军事知识；中夏进行夜间安营扎寨的训练；中秋进行基本技术和战术的训练；中冬则进行军事演习。虽然没有具体的活动内容见诸史料，但也不难想见其大略，而其中最重要的一项内容，就是射猎活动。

当然，田猎不仅仅是军事训练活动，也常被统治者当作消闲娱乐的活动。特别对那些长年深居王宫的国君、百官及其臣属来说，在旷野上驰骋猎射，自然是心旷神怡之事，以致有些国君流连忘返，耽于田猎而荒废政事，甚至被人夺取政权。这样的事例在中国奴隶社会的第一站——夏王朝即已有闻。史载夏启好酒耽乐，其子太康更为荒淫，"娱以自纵"（《楚辞·离骚》），使启子武观乘机作乱，以致丢失了大权。

夏商周时代，军事掠夺或征服战争是十分频繁的，由于社会物质财富的欠缺和部落联盟时代"全民皆兵"习俗的孑遗，决定其军队并非职业兵，而仍是平时为民、战时为兵，因此带有军事体育性质的射猎活动还是极为普遍的。

汉代，射猎之术深为帝王贵族所好尚。以俭朴闻名史书的西汉文帝也经常是胯下千里马，手中金雕弓，"一日三出，击兔伐狐"（《汉书·贾谊传》）。汉武帝更是喜欢骑马持弓大猎于上林苑，并令司马相如作天子

战国镶嵌狩猎纹壶（河北省唐山贾各庄出土）

这是一块商武丁时期祭祀射猎的牛骨刻辞，反映了当时射猎的流行（国家博物馆藏）

唐代狩猎出行图壁画（陕西省唐章怀太子墓出土）

游猎之赋以记其事。

汉代以后，帝王贵族骑射之风有增无减。以射猎为乐，在唐代皇族之中更为盛行，唐高祖李渊统一天下之后，每年都要举行一两次大的射猎活动。唐太宗李世民在射猎中亲手刺死"犯驾"的野猪，称之为"天策上将击贼"。

东汉狩猎画像石拓本（河南省南阳市七孔桥出土）

李世民的弟弟齐王李元吉宣称："我宁三日不食，不可一日不猎。"1971年陕西省发掘唐章怀太子李贤墓，发现墓道壁画中有一幅《狩猎出行图》。整个画面有四五十骑，旗帜招展，骏马奔腾，显示了唐代贵族射猎场面的壮观。

辽、金、元建立政权后，由于此项活动颇能体现本民族能骑善射、崇尚武勇的特色，故更为统治者所喜欢，历代盛行不衰。尤其是辽、金政权，均十分重视射猎，规定每年有秋猎和冬猎。最高统治者一般都能征善战，武艺精熟，常醉心于射猎活动，借此以活动身体，练兵习武。辽、金皇帝经常率部出猎，他们有的能力射猛虎，如金熙宗于皇统四年（1144年）射猎于"沙河，射虎获之"；也有的能一箭双鹿，如金章宗于明昌五年（1194年）"猎于豁赤子，一发贯双鹿"。

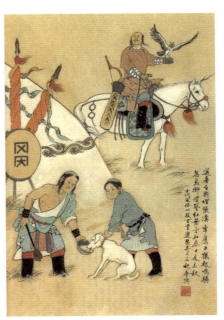

辽代鹰猎图（迁徙《古代风俗百图》）

充分显示了他们高超的骑射技艺。作为练兵的手段，有时射猎的规模非常大，常是人数逾千，穿府过县。如金世宗完颜雍大定元年（1161年）的一次射猎活动，即自中都（今北京）出发，至河南府，征调猎手达两千人。

元代田猎还专门置有猎场，其田猎规模比辽、金更有过之而无不及，在一次射猎中，人数竟多达两万，并有经过训练的猛犬、狮、豹和鹰隼等协助追捕猎物。可见，猎射作为一种习俗在当时人心目中的地位之高。

　　清王室起于我国北方的长白山麓，世以射猎作为练武和谋生的手段，"无事耕猎，有事征调"。后来，为了防止八旗军贪图安逸，荒废骑射，清王室恢复了古代射猎阅军制度。特别是康熙、乾隆两朝，更为重视射猎，每年都要进行一至二次大的射猎活动。据《东华录》记载，康熙二十二年（1683 年）开辟了热河木兰围场，把木兰秋狝定为一项大典，集蒙古各部在木兰围猎并进行塞宴。至乾隆时还能保持"皆因田猎以讲武事"，但其后的几个帝王便把木兰围场作为避暑娱乐之地了。咸丰皇帝时，竟借木兰秋狝之名，逃离京城，放弃对英法联军的抵抗，这与木兰秋狝的本意背道而驰了。

辽代射猎图（选自《唐代的外来文明》）

清初紫檀木百宝嵌狩猎人物长匣（故宫博物院藏）

清人绘《木兰图卷》局部（故宫博物院藏）

清郎世宁《弘历射猎图》（故宫博物院藏）

金人出猎图（选自明刊本《南柯梦》）

在世界古代体育运动发展史上，中国可谓是流行球类运动项目较为丰富的国家之一。在这些球类活动中，以被称为古代足球的蹴鞠、骑马以杖击球的马球、徒步以杖击球的捶丸以及板球、手球等为主要运动形式。随着球类运动在不同历史时期的发展，这类运动项目又不断成为民间娱乐、军队训练和竞技与赛场的重要内容。悠久的历史，多样的形式，使中国古代球类活动千姿百态，成为中华民族传统体育的重要组成部分。

明人绘《宣宗行乐图》卷·蹴鞠（故宫博物院藏）

球类活动

图
说
中
国
古
代
体
育

蹴　鞠

　　蹴鞠，也叫踏鞠，是中国古代的一种足球活动。"蹴""踏"均是用脚踢的意思，"鞠"就是球。关于蹴鞠的出现，西汉学者刘向在其《别录》中这样写道："蹴鞠者，传言黄帝所作。"1973 年在湖南长沙马王堆三号西汉墓出土的帛书《十大经·正乱》中记载，大约在 4600 年前，中原的黄帝部落与南方的蚩尤部落在涿鹿（今河北涿州市）发生了一场战争。

这场大战打了好些年，后来黄帝部落取得了胜利，擒杀了蚩尤。为了发泄余恨，黄帝便将蚩尤的胃塞满了毛发，做成球让士兵们踢。黄帝是传说中的部落首领，当时还没有文字记载，所有的社会文化都是口授相传的。当时有没有创造足球游戏的可能呢？从中原一带原始社会遗址中不断出土的石球遗物看，当时的人类有创造这种游戏的能力。上面的有关传说和考古发现，虽未能完全证明古代蹴鞠的起源时间，但却反映了它已有着相当久远的历史。

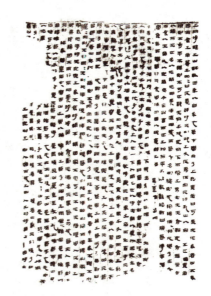

西汉帛书《十大经·正乱》中关于黄帝蹴鞠的描述（湖南省长沙马王堆出土）

　　战国时期，蹴鞠就已经成为相当流行的娱乐活动了。据成书于公元前 2 世纪的《史记·苏秦列传》所记，当时的政治家苏秦在向魏王介绍齐国的繁荣景况时提到齐国首都临淄的居民生活富裕欢乐，人们都经常参加各种娱乐活动，而蹴鞠在当地是深受欢迎的项目之一。当时，不仅齐国、魏国这些北方地区，就是在战国末年南方的一些地方，也盛行蹴鞠活动。说明战国末年的蹴鞠运动在民间已十分普及了。

秦统一六国后，这种活动似曾一度低落，但进入汉代，随着社会经济、文化的发展，蹴鞠活动开始兴盛起来。首先是民间，蹴鞠活动蔚然成风。在风和日丽、春暖花开的寒食和清明时节，蹴鞠游艺活动是常有之事。刘向的《别录》中就有"寒食蹴鞠"之说。在宫廷贵族中，蹴鞠活动也甚为流行。西汉建立之初，长安宫苑里修建了蹴鞠竞赛场地——"鞠城"。汉武帝时的宠臣董贤，曾将郡国狗马、蹴鞠、剑客，荟萃其家，举行表演活动。在汉代的皇帝中，武帝、元帝、成帝最爱蹴鞠。就连东汉末年的曹操，在南征北战之余，仍然不忘蹴鞠活动。汉代的蹴鞠运动，从民间到贵族阶层都普遍受到欢迎。

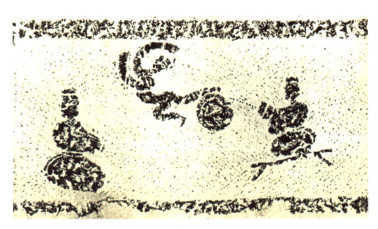

汉代蹴鞠图画像石（河南省登封出土）

在汉代，人们认识到蹴鞠活动可以增强体力，培养勇敢耐劳的精神，是军事训练的一种很好的手段，因此这种活动又广泛地流行于军队之中。汉武帝时，骠骑将军霍去病远征塞外，在缺粮的情况下，仍"穿域塌鞠"，以此鼓舞士气。汉代的军士一旦无事，便以蹴鞠为乐，并将蹴鞠运动作为训练士卒和提高战士军事素质的一种方法。

霍去病墓立石马（位于陕西省兴平汉武帝茂陵陪冢之一墓前）

汉代女子蹴鞠图画像石（河南省登封出土）

汉代的蹴鞠有两种形式。一种是以表现个人技巧为主的、非对抗的，既可自娱，又可娱人的融娱乐性、表演性为一体的蹴鞠。在汉画像石、画像砖上，常常可以见到这类图案，而且以表现女子蹴鞠的画面为主，说明女子蹴鞠在这时已开先河。另一种则是在球场上进行的以对抗性比赛为主的蹴鞠。这种比赛多是在专门的球场——"鞠城"中进行。根据东汉李尤《鞠城铭》一诗的描述，比赛时双方各出 6 名队员，并有正副裁判执法，还有一套竞赛的法则。由于这种比赛具有相当激烈的对抗性，因而多盛行于军队的军事训练中。

汉代李尤《蹴鞠铭》〔选自《艺文类聚》〕

图说中国古代体育

宋代蹴鞠纹画像镜（湖南省博物馆藏）

由三国延至隋唐，蹴鞠的军事意义逐渐地退居次要地位，而游戏娱乐作用则更为突出。与此同时，还出现了一系列的改革。首先，鞠的制作技术有了改进。由唐代以前的在皮革做的球里填充毛发而成的实心鞠，发展出了充气的鞠。这种鞠是用动物的膀胱充足气作为球胆，再在外面包上用八片皮革做成的球皮而成。这样一来，蹴鞠开始向高空发展，并出现

元代钱选临《宋太祖蹴鞠图》（上海博物馆藏）

唐宋时期蹴鞠门示意图（选自《蹴鞠谱·球门格范》）

了多种多样、趣味横生的踢球方法。充气鞠的发明，极大地促进了运动技术的提高。其次，带球门的比赛比较普遍地流行开来。这一时期的球门，是在场地的中央竖两根数丈高的竹竿，竿上结网形成高高的球门，两队人分站在球门的两边，比赛时队员用各种有难度的姿势将球踢进洞里。

宋代的蹴鞠，继唐代之后进一步在民间开展起来。当时，主要盛行在场地中央设一个球门的形式，与唐代的带球门形式基本一致。球门是在竖起的两根高约三丈的木杆上结一网，网上部留一直径为一尺左右的洞，称为"风流眼"。比赛时，双方各有六七人或十二人，按照一定的位置分别列于球门两边，将球踢过风流眼。除了设有球门的形式外，宋代还盛行以表现个人技巧的踢法，称为"白打"。可以单人表演，亦可两三人以至十余人共同表演。表演中除用脚踢外，头、肩、臂、胸、膝等部位均可接鞠，其花样繁多，灵活多变，因而得到较广泛的推广。

这一时期，爱好蹴鞠的帝王和大臣也不乏其人。宋太祖赵匡胤、太宗赵光义及大臣赵普等就以善蹴鞠而闻名。尤其是《水浒传》里的那个高俅，就是因为踢得一脚好球，得到宋徽宗的赏识，而被提拔做了高官。显然，这与当时的统治者对蹴鞠活动的钟爱是分不开的。

元代蹴鞠继承宋代传统，毫未消歇。在元人散曲、杂剧及宋元南戏

宋代蹴鞠图（选自《古代风谷百图》）

宋代的蹴鞠用鞠图
（选自《三才图会》）

等文学艺术作品中有着广泛的反映，元代大戏剧家关汉卿还写过《女校尉》散曲，专咏元代女子蹴鞠。不过，这时的蹴鞠活动已逐渐走向纯娱乐的游戏形式。特别是明代，多人蹴鞠游戏较为流行，主要是比花样、赛技巧，尤其是在妇女儿童中间，蹴鞠活动较为盛行。在明代杜堇绘制的《仕女图》中，就有一

元代蹴鞠白打图
（选自《事林广记园·社摸场图》）

幅表现仕女蹴鞠的画面，图中，有几个仕女在做蹴鞠游戏，其中一人正腾身以脚踢球，两边的伙伴在聚精会神地盯着被踢起的皮球，画面生动有趣。但是，从整个发展趋势来看，蹴鞠游艺已开始低落下去。至清代，蹴鞠活动已主要变为妇女、儿童的游乐内容，虽然爱好溜冰的满族人曾将其与滑冰结合起来，发明了一种称为"冰上蹴鞠"的游艺形式，作为禁卫军的训练内容，但这也只不过是盛行于中国古代两千多年的传统蹴鞠活动的余韵而已。清代中叶以后，随着西方近代足球的渐次传入，中国传统的蹴鞠游艺活动终于被取代。

明代杜堇《仕女图》卷·蹴鞠（上海博物馆藏）

清代五彩蹴鞠纹高足碗
（中国体育博物馆藏）

马 球

马球，古代称为"击鞠""打球"或"击球"，是骑在马上以球杖击球入门的一种竞技形式。因为它是一项相当惊险、激烈的活动，所以要求参与者不仅具备强壮的体魄、高超的骑术与球艺，更要有勇敢、灵活、顽强、机智的素质。

在我国古文献中，"击鞠"一词最早出现于公元 3 世纪曹植写的《名都篇》中。诗篇中尽情地赞扬了健儿们"连骑击鞠"的技艺，已达到了"巧捷惟万端"的熟练程度。《名都篇》的写作时间在曹丕代汉不久，因此，击鞠至迟于东汉就已经出现了，是当时的一种较具特色的球类活动形式。

曹植《名都篇》书影（选自《文选》）

除了中原、西北地区流行马球这一竞技形式外，在南方地区，马球亦是当地的主要娱乐内容。南朝梁宗懔在其《荆楚岁时记》中记载当时风俗时说道，清明前后的寒食节正值春暖花开之日，民间的文体活动有"打球、秋千、藏钩之戏"。但由于文献记述不多，因而当时击球的具体情况并不是很清楚。

唐代彩绘打马球俑（新疆吐鲁番出土）

由于马球的昌盛与古代骑术的发展有着一定的关系，因此，它的发展必然受到骑兵骑术的影响。从汉代以后，随着骑术的进步，马具的改革，骑兵在唐代达到极盛。隋唐盛行轻骑兵，它有着快速机动与远程奔袭的特长，同时，马上作战、砍杀更为灵活。而马球运动就是训练骑术和马上砍杀技术的最好手段。由于这一军事目的，在统治者的提倡下，马球运动在这时风行一时。

唐代彩绘打马球陶俑群（陕西省长安出土）

唐代的马球，分为单、双球门两种比赛方法。单球门是在一个木板墙下部开一尺大小的小洞，洞后结有网囊，以击球入网囊的多寡决定胜负；双球门的赛法与现代的马球相似，以击进对方的球门为胜。

随着马球运动的兴盛，唐代宫城及禁苑里还出现了正规的马球场地，如长安宫城内的球场亭，大明宫的东内苑、龙首池、中和殿及雍和殿等。

唐长安大明宫含光殿马球场奠基石志拓本
（陕西省西安大明宫遗址出土）

1956年，西安市唐长安大明宫含光殿遗址出土了一块刻有"含光殿及球场等大唐太和辛亥岁乙未月建"字样的石志。表明在修建宫殿的同时还修建了球场。说明当时的马球竞赛活动是很普遍的。1972年，陕西乾县唐章怀太子李贤墓出土的《马球图》壁画，形象生动地反映了当时马球竞赛的激烈场面，这是目前出土最早、最完整的马球形象资料，由此也可看出当时的马球活动已有相当的规模了。

唐代《马球图》壁画（陕西乾县唐章怀太子李贤墓出土）

生活的锦缎，从来都是男人和女人共同编织的；人类历史的全部交响曲中，从来都汇集着女子所弹奏的乐章。马球，这一具有撼人心弦、颇具魅力的运动，在唐代同样也出现在女子当中。故宫博物院收藏的唐代妇女打球图铜镜，上面所刻的即是四个骑奔马打球的妇女形象。在当时的皇宫中，打球，也是宫女们的主要娱乐活动之一。

唐代打马球纹铜镜（故宫博物院藏）

宋代，由于尖锐的民族矛盾，统治者不得不在一定程度上重视武装力量的训练，而打马球也就被看作是"军中戏"。北宋初，宋太宗曾命令有关部门研究并制定了马球比赛的一些规则。据《宋史·礼志》载，每年三月于大明殿前举行马球比赛时，竖木为门，东西各设一门，高达丈余，柱顶刻龙。由两人守门，两人持小红旗呼报进球得分。球场四周有护卫。球门两旁，置绣旗二十四面，并在殿之东西阶下设架，每射中一球得一分，并将小旗插入架中，终场时以获分、旗多寡较胜负。结束后，皇帝赐宴让臣下及球手们痛饮。

宋代打马球图壁画（河北巨鹿宋墓出土）

辽、金时代，北方少数民族素善骑射，击球活动更为常见。这时的马球无论是球的制作，还是打法，都与前代不尽相同。以前的球是一种拳头大小的木质球，元代则变为皮缝的"软球子"。球杖也比以前的长，用长杖拖球，或用杖弹打，使其不落地，然后纵马驰至球门，击球入门。

盛行了近千百年的马球活动，流传到明朝初年，还时有开展。如明永乐中书舍人王绂，曾在东苑陪朱棣观看骑射击球，并写下了《端午赐

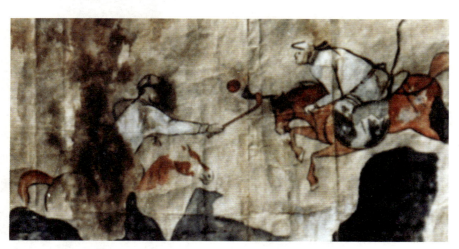

辽代打马球图壁画（内蒙古敖汉旗出土）

明人《宣宗行乐图》卷·打马球（故宫博物院藏）

观骑射击球侍宴》一诗，对当时皇帝下诏新开球场及举行骑射、击球等活动的盛况，特别是马球分队竞赛的热烈场面进行了形象的描绘。不过，从总体上看，这时的马球已呈衰落之势。进入明中叶后，马球只是作为宫廷礼制或民间节日活动才得以开展。到了清代初年，马球这一颗在中华古文化史上放射了上下千余年异彩的明珠，终于熄灭了。直到民国初年，西方现代马球传入我国，马球运动才又缓慢地发展起来。

明代打马球图（英国维多利亚·阿尔贝蒂博物馆藏）

图说中国古代体育

捶　丸

　　捶丸，顾名思义，捶者打也，丸者球也，是我国古代球戏之一。它的出现与盛行于唐代的球类活动有着密切的关系。唐代，除了足踢的蹴鞠、骑马杖击的马球外，还出现了一种拿球杆徒步打的球类游戏，叫作"步打球"。玩时分队，用杖击球，以球入对方球门为胜，唐代王建《宫词》第十三首中的"寒食宫人步打球"即指此而言。唐代的这种步打球至宋代遂形成又一种新型的球类运动——捶丸。

　　元世祖至元十九年（1282 年），出现了一部署名宁志斋编写的专门论述捶丸的著作——《丸经》。根据《丸经·集序》中"至宋徽宗、金章宗皆爱捶丸"的记述，可知捶丸形成期的下限至晚在北宋徽宗宣和七年（1125 年）。在陈万里《陶枕》中著录有一儿童捶丸图陶枕，图中一小孩持一小杖在击丸，形象生动，是当时捶丸活动盛行的有力佐证。

宋代童子捶丸图枕（陈万里《陶枕》著录）　　　　元代宋志斋《丸经》书影（选自明刻本《小十三经》）

捶丸，在其发展史上曾大盛于宋、金、元三代。上至皇帝大臣，下至三教九流，皆乐此不疲。如现存于山西省洪洞县广胜寺水神庙的壁画中就有一幅保存完整的元代捶丸图。图中，于云气和树石之间的平

元代捶丸图壁画（山西省洪洞县广胜寺水神庙出土）

地上，两位男子着朱色长袍，右手各握一短柄球杖。左面一人正面俯身作击球姿势，右面一人侧蹲注视前方地上的球穴。稍远处有两位侍从各持一棒，棒端为圆球体，居中者伸手向左侧击球人指点球穴位置。它是元代民间捶丸活动的真实反映。

捶丸的最显著的特点是场上设球穴，以杖击球。据《丸经·集序》所记，捶丸一般是在有地形变化、凹凸不平的空旷场地上进行。因此，这类场地多设在野外。在场地上挖一些比丸稍大的球穴，在其旁插上彩旗作为标记。为了使比赛者在击球时能够正对球穴，在场地上还画有击球点——基。基的长宽不满一尺，要选择正对球穴的地方画基。球基和球穴的距离远近不一，远的可以相隔50～60步，最远的不得超过100步，近的至少宽于1丈。

捶丸所用杖，俗称"棒"，有着不同的类型。如"撺棒""杓棒""朴棒""单手"等，供人在不同条件下选用，打出不同的球。捶丸之球，一般用赘木制成，这种赘木即指树身上结成绞瘤的部分。此类木质生长不规则，树纤维铰接紧密，十分牢固，久击而不坏。同时，所制作的球，要轻重适宜。

捶丸比赛时，既可分组，亦可不分组。以参加人数的多寡又有相应不同的名称，几人参加的叫"大会"，七八人参加的为"中会"，五六人的则为"小会"，而三四人的称为"一朋"。最少的是两人，叫"单对"。比赛过程中，每人三棒，三棒均将球击入穴中才能赢得一筹，所赢之筹，由输家从赛前自己领得的筹中付给。根据筹之多少，可分为大筹（20）、中筹（15）、小筹（10）。比赛以先得以上各数者为胜。此外，捶丸比赛

明玉捶丸童子（选自
《中国文物世界》）

还有种种严格的规定，如不能加土或做坑阻拦别人球的行进，不能妨碍他人击球，不能随便移动球的位置，比赛中不能换球棒，等等。

明代的捶丸，远不如前代那样普及。现藏于故宫博物院的《宣宗行乐图》长卷中，有一部分描绘的是捶丸图。图中所绘的场地面貌、旗、穴及击丸的棒、侍从的位置等，都与《丸经》上所说吻合。只是图中以人为地设置某些障碍来代替野外山丘，这显然是变通之法。但图中的皇帝亲自持棒参加活动，这表明捶丸运动在当时是一项高雅的娱乐游艺。

捶丸活动经过了宋、辽、金、元以至明代的发展繁荣后，于清代趋向衰落。所见的是盛行于妇女、儿童间的简单地捶丸游艺。后来在苏格兰出现的现代高尔夫球，其形制、运动规则与我国的古代捶丸有着惊人的相似，显然具有源与流的关系，而且捶丸的历史记述比高尔夫球的最初出现还要早472年（现代高尔夫球的规则，最早于公元1754年在苏格兰的圣·安德鲁斯高尔夫球友会制定）。因此我们有理由认为，高尔夫球这项吸引了成千上万爱好者的现代西方体育活动，与在古代中国文明大地上盛行了千余年的捶丸有着一定的渊源关系。

古代捶丸所用不同类型的杖
与球（复制品）

明人《宣宗行乐图》卷局部·捶丸（故宫博物院藏品）

明杜堇《仕女图》卷局部·捶丸（上海博物馆藏品）

踏　球

　　踏球，在唐代叫作"蹋球"，也叫"胡旋舞"，又名"骨鹿舞"。是一种双足立于球上，并使之滚动旋转的运动形式。

　　从"胡旋舞"的"胡"字来看，这种形式似非中原地区原有，而是由少数民族地区传入的。白居易《新乐府·胡旋女》曾这样描述道："胡旋女，出康居……弦歌一声双袖举，回雪飘飘转蓬舞。左旋右旋不知疲，前匝万周无已时。"由诗中可知，仅就胡旋舞的"舞"而言，最早应来自西域康国，因由女子表演，故名"胡旋女"。过去，史家一般认为胡旋舞是在唐玄宗时流行于长安，此后逐渐与当时盛行于长安的百戏结合演化为踏球戏。但是，从有关资料来看，唐代的这种踏球戏应是由汉代的"旋球"形式发展、演化而来的，只不过是由原来的以手滚动圆球变为以双

汉代踏球图画像石（江苏省徐州铜山出土）

足滚动圆球，同时在发展中又吸收了唐代盛行的一些"胡舞"的特点。因而踏球戏在唐代又被称为"胡旋舞"应是情理之中的事了。

关于踏球的运动方式，《新唐书》云："胡旋舞，舞者立球上，旋转如风。"《乐府杂录》云："舞有骨鹿舞、胡旋舞，俱于一小圆球上舞，纵横腾踏，两足终不离球子上，其妙如此。"唐代女子踏球的形态，唐人王邕在《内人蹋鞠赋》中做了详尽地刻画，他首先描绘了人物的出场："球上有嫔，球以行于道，嫔以立于身，出红楼而色妙，对白日而颜新"。接着，就形容宫女们在球上"扬袂叠足，徘徊踟蹰；虽进退而有据，常兢兢而自勖；球休兮似珠，人颜兮如玉；下则风雷之宛转，上则神仙之结束；无习斜流，恒为正游，球不离足，足不离球"。最后，在赋中利用洛神赋和赵飞燕的故事生动地写出表演达到高潮时的情况："疑履地兮不离地，疑虑腾兮还践其实，当是时也，华庭纵赏，万人瞻仰，洛神遇而耻乘流，飞燕逢而惭在掌；几看制而功息，几度纷而来往；倏而复归于云霄，何微妙之忽恍"。看来，唐玄宗李隆基吸收踏球是作为宫女们练习体操用的。

这种球戏后来演化为杂技的踏球，并作为一种传统节目，保留至今。

唐代踏球图（选自《忘忧清乐》）

儿童击球

　　在我国古代的球类活动中，还有一类在儿童中间广为流行的形式，这就是儿童击球。

　　自古以来，对周围的所见所闻都充满好奇心和求知欲的儿童们，凭

清代儿童击球——激地还起捎空倒迥（选自《吴友如画宝》）

借他们很强的模仿力和创造力，编制、模仿出了许许多多好玩的以球戏为对象的活动形式，丰富了他们的生活。而这类以球为对象的活动形式极为丰富。因为儿童的世界是个游戏的世界，成人那里有的游戏，儿童们可以变化而行之；成人中没有的，在儿童们中间则可能是司空见惯，天天玩耍的。其实，早在人类的童年——原始社会时期，儿童的球类游戏就已经习以为常了。考古资料中所见到的许多与儿童有关的游戏活动，常常是以戏球为对象的。进入文明社会以后，儿童的击球活动更是习以为常，在各个时代所发现的壁画、剪纸、陶器、瓷器、雕砖等民间工艺品中，儿童游戏往往以表现儿童击球为表现形式。

仰韶文化遗址西安半坡 152 号女孩墓就随葬了两个石球，说明女孩生前也是喜欢击球活动的

唐代童子击球图画毡（日本奈良正仓院藏）

宋代儿童击球图（选自《古代风俗百图》）

由于参加击球活动的对象为儿童，因而儿童击球与成人球类运动形式之间有着不同的形式和内容，自成一类。古代盛行的传统儿童击球活动大体包括两种类型：一种是借助板、杖等进行击球的形式，这类多是由成人球戏演变而来和模仿成人击球活动而创造出来的；另一种是儿童自己创造的徒手击球活动。几千年来儿童击球活动的流传，因年龄、性别、民族、地域和时代的不同而有所差异，但也有一些儿童击球形式由于其流传广、普及面宽，较少受到时代的限制。许多流传了数千年的传统儿童击球形式，极具生命力，直至近现代仍盛行在我国汉族和少数民族中。

宋代击球婴戏图陶枕（陈万里《陶枕》著录）

五代持球杖童子壁画线图（甘肃省敦煌榆林石窟第 15 窟壁画）

其他球戏

中国古代的球类活动形式多样，丰富多彩。除了在历史上盛行时间较长、流行地域较广的几类大的球类活动形式外，还在不同的历史时期和不同的地区出现了一些各具特色的球类活动形式。这些球类活动或因地域的差异，或因文化背景的不同，或因民族和时代的差异，其流行的特点和活动方式也不一致。从有关资料分析，主要有拍球、踢石球、板球、十五柱球和水球等形式，千姿百态的球类活动，为中国古代球戏活动增添了一道亮丽的风景。

拍球，又叫手球，即以手拍击具有弹性的球。传统的拍球比赛主要有两种形式：一种是不带花样的比数字竞赛，也就是用手掌向地上或墙

清代王翚等绘《康熙南巡图》局部·拍球图（故宫博物院藏）

上拍球，使球弹起或弹回，并连续地拍，以不间断而又拍击数字多者为胜；另一种是带花样的比数字竞赛，包括边拍边绕自身旋转、单腿跷起手拍球等。形式多样，多适合儿童、老人和妇女。

踢石球是古代一种以足踢石球进行比赛的活动，多在冬天户外进行。所踢的石球约有拳头大小。据《月下旧闻考》所载，迟至金、元之际，这一形式就已在我国北方民间流行了。关于石球的踢法，在《帝京景物略》《燕台口号一百首》等书中均有记述。其游艺方法大体是这样的：两人或多人分为两伙，

每伙举出一人。地上放两个石球，由一人先踢一球，令其滚到远处。再踢另一球。第二人踢时，先后共踢两脚，要求踢第一脚时，被踢的第二球要赶上第一球，但又不许超过，不许碰到第一球，然后踢第二脚，以击中第一球为胜。在这两脚球中，假若第一脚就踢得超过第一球，或撞上第一球，就算输球；第二脚击不中第一球的，也算输球。若第二脚踢得超过第一球，那么，对方人踢。踢石球比赛，不仅可以御寒活血，锻炼身体，而且场面紧张热烈，富有情趣。

板球活动，是击球者手执板状拍进行击球的一种球类活动。现存北京故宫博物院的宋人《蕉荫击球图》册页，

清代踢石球图（选自《北京民间风俗百图》）

宋人《蕉荫击球图》册页（故宫博物院藏品）

就是一幅极为典型的板球图。图中，两个小孩儿各执一球板正在做击球游戏。画面中配以芭蕉树和观赏石，使人物动作更显活泼和具有真实性。

十五柱球，又名"木射"，是按着人数轮流进行的一种集体性的室内活动，产生和兴盛于唐代。宋人晁公武在他的《郡斋读书志》中曾对流行于唐代的木射做了简单介绍，他说："木射为十五笋以代侯，击地球以触之。饰以朱、墨，字以贵贱之。朱者：仁、义、礼、智、信、温、良、恭、俭、让。墨者：慢、傲、佞、贪、滥。仁者胜，滥者负，而行一赏罚焉。"也就是说，用木削成十五根笋形做靶子，并分为两大类：一类通体涂为红色，分别刻上仁、义、礼、智、信、温、良、恭、俭、让等字，共十根；另一类涂以黑色，分别刻以慢、傲、佞、贪、滥等字，共五根。比赛时，将十五根笋立在平坦的场地一端，参与者在另一端，用木球去击打另一端的木笋，以击中朱色笋者为胜，以击中墨者为负，最后看谁击倒的朱色笋多，就是终胜者。从其活动的形式和规则分析，很有可能是古代击壤在唐代的变易。

古代还有一种水球活动，文献记载见于宋代。宋徽宗赵佶曾作诗一首颂咏当时的水球活动："苑西廊畔碧沟长，修竹森森绿影凉，戏掷水球争远近，流星一点耀波光"。这是指当时宫女们在玩水球活动时的情景：她们利用西苑长廊旁的碧沟做比赛场地，站在阴凉的修竹下面，把球从水面轮流抛出，比赛远近，抛得远的为胜，近得算输。球在碧波上飞来飞去，异常热闹。

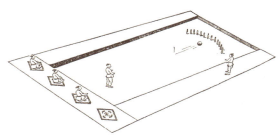

唐代木射示意图（选自《忘忧清乐》）

宋代宫女水球比赛图（选自《中国体育史参考资料》）

集实战、表演和健身于一体的中华武艺武术，是古代中国民间流行较为广泛的传统体育活动。它源于史前人类生产、生活的社会实践，并在发展中形成了具有独特民族风格的运动形式。中国古代武艺武术的内容包括各种形式的器械以及拳术和器械演练的不同套路。随着历史的进步，经过汉唐时期的初步发展，在宋元时期得到了进一步的兴盛。及至明清时期，武艺武术活动达到了新的高潮，出现了丰富多彩的套路，形成了风格迥异的流派。

清代拳术演练纹青花瓷壶
（中国体育博物馆藏）

武艺武术

武术器械

　　武术器械是传统武艺武术的基础，其最初是伴随着狩猎和战争的出现而发展起来的，后来的诸多武艺武术器械实际上就是源于古代的某些生产工具和兵器。原始时期人们使用的许多木石器具，既是生产工具，也是战斗武器，在铜器、铁器产生以后，兵器的种类才逐渐增加。商周时期出现的各类青铜武器，如戈、戟、钺、矛、斧、刀、剑、铩、殳等，可以说是较早的武术器械。特别是西周时期青铜剑的出现，标志着中国古代军事武艺进入了一个新的阶段。延至春秋，我国金属兵器发展到了鼎盛时期，无论在兵器的形制、数量、质量等方面都有提高和改进。尤其是早期冶铁技术的发明，使金属兵器制造范围更加扩大了。战国时期，基本上是沿用春秋以来所盛行的各类兵器，除了个别的发展之外，主要是夏、商以来各类兵器的定型时期。可以说，商周时期的各类金属兵器，无论其种类，还是其形制，均奠定了我国兵械发展的基础。其后的各类武艺武术器械，多是在它们的基础上得以演进和提高的。

商朝青铜戈（辽宁省博物馆藏）

战国有鞘青铜双剑（四川省成都出土）

战国青铜铩（湖南省长沙出土）

秦汉时期,随着冶铁业的发展,铁制武艺武术器械日益多样化。同时，由于战争中适应近战决胜负的需要，武艺器械还产生了令人瞩目的变化，进入了一个新的时期。在河南南阳唐河出土的画像石上，画有竖立的一座兵器架，架上放有矛、戟、弓矢与甲铠等兵械装备。这些都是以格杀技术为主要目的的器械。

中国古代的武艺器械，至东汉时期已过渡到以铁器为主。自两晋迄隋唐五代，由于古代武艺的发展和进一步系统化，与其相应的铁制器械中的长、短兵器的使用技术也得到了进一步的发展。大刀、长矛、戈、戟、斧、钺、钩及剑等皆是当时武艺的重要器械。东汉末年适于

十六国北燕时期的铁环首刀
（辽宁省考古研究所藏）

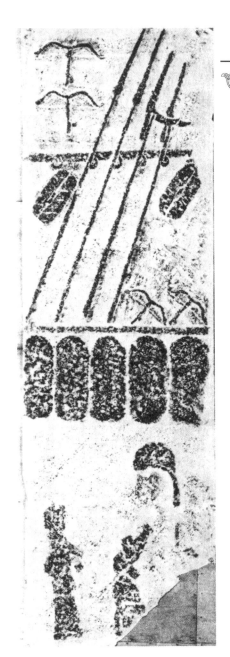

西汉兵器架画像石拓本（河南省南阳唐河县出土）

劈砍的环柄刀盛行，除了在军队中大量装备这种兵器外，在民间的武艺活动中它亦成了一种重要器械。《晋书·刘曜传》记载的陇上歌这样唱道："陇上壮士有陈安……七尺大刀奋如满，丈八蛇矛左右盘，十荡十决无当前。"武士陈安对大刀、长矛等的使用技艺已达到了非常熟练的程度。从商周时期开始出现的戈、戟、棍，这时虽已逐渐减少，但在少数民族的习武活动中仍被使用。

魏晋隋唐以后，武艺武术器械逐步规范化。尤其是宋元时期，随着武艺活动的进一步普及，武术理论得到了进一步发展。同时，由过去传承下来的各种武艺得到了更加系统的精炼和荟萃。这就使以前诸种武艺武术逐渐形成了体系。至明清时期，武艺武术器械逐步定型为如下种类：

抛射器械——弓箭、弩、铣。

长兵器械——枪、矛、戈、棍、殳、杆、杖、棒、斧、杵、钺、戟、大刀、镋、扒、挝、铲。

短兵器械——剑、短刀、鞭、锏、钩、镰、锤、拐、圈。

软兵器械——链、流星、套绳。

明代铜猎鞭锤（中国体育博物馆藏）

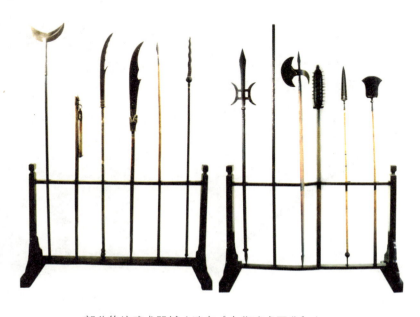

部分传统武术器械（选自《中华武术图典》）

拳术与徒手技击

徒手技击，是中华传统武艺武术的重要组成部分，其特点主要是徒手的拳脚肢体的运用。它是史前时期人类生产实践和人与野兽或人与人斗的自卫技能积累的结晶。中国最早的诗歌总集《诗经·巧言》中就有"无拳无勇，职为乱阶"的描述，可见以拳术为特点的徒手技击在这时已是男子汉应有的重要本领了。到了汉代，徒手拳击搏斗之技已被总结成书。《汉书·艺文志》目录中有《手搏六篇》的书名，惜此书早已亡佚。但在山东、河南等地出土的汉画像石中却有着诸多形象的刻画，为我们再现了当时拳术演练的真实场景。

汉代拳术演练图画像石（山东省临沂市白庄汉墓出土）

东汉拳勇画像石（河南省南阳出土）

魏晋隋唐之际，随着宗教的兴盛，武术中的拳术更流行于寺院教徒和普通百姓之中，甘肃敦煌莫高窟等宗教圣地以及其他文物资料中，多留有不同时期有关拳术演练的形象资料。

北魏力士博击图壁画（甘肃省敦煌莫高窟第251窟壁画）

宋元至明清，随着中华武术内容的日渐丰富，其中的拳术套路技术渐趋成熟，主要表现在形成了具有不同风格及技术特色的多种流派。尤其是拳术，被当时的一些军事家，如戚继光等视为武艺的基础。《纪效新书》中有《拳经》篇，对明代流行的拳种做了概述，如宋太祖三十二式拳法、六步拳、猴拳、温家拳等，反映出当时已有各类系统的拳法出现了，并形成了各自的流派和风格。明代拳术在广泛流传的基础上已把拳术分为内、外两家。外家以少林武术为代表，其特点在"主于搏人"。内家传说起于张三丰，以王宗、张松溪等最著名，其特点在于"以静制动""主于御敌"。至清代，在原来流行的一系列拳术的基础上，又出现了一些新的拳系。当时所盛行的较大拳系有几十个，一般的套路有几百种之多。清代各家拳派不仅门派化，而且理论化、套路化。这时的拳种，总

唐代拳术技击陶俑（陈万里《陶俑》著录）

宋代玉习武童子（故宫博物院藏）

的特点是以拳为主体部分，包括了踢、打、跌、拿等各种技法，并且与导引养生相结合，既能防身，又强身健体，且内容日趋丰富多彩。随着拳种的增加和拳术的普及，有关的著述也大量出现。除了程宗猷的《耕余剩技》、俞大猷的《剑经》、吴殳的《手臂录》、黄百家的《内家拳法》之外，还有许多未经刊刻的私人抄本以及口传身授的拳术歌诀。这一时期，无论从普及程度，还是从内容的充实和完善来说，都是我国武艺拳术发展的重要时期。

少林校拳图（选自《鸿雪因缘图记》）

"主搏于人"的少林武术（选自《少林功夫》）　　　清代拳术演练纹红釉瓷瓶（中国体育博物馆藏）

　　以拳术为代表的徒手技击，是我国古代武艺武术发展史上一个重要的组成部分。明清时期的河南登封少林寺白衣殿拳术演练图壁画，中国体育博物馆收藏的青花、红釉瓷器上的拳术演练纹，都极为形象地向我们展示了华夏武术中颇具特色的拳术套路的丰富内容。

清代拳术演练图壁画（河南登封少林寺白衣殿壁画）

器械演练

　　器械是古代军事中必备之器，同时也是整个古代武艺武术活动中的主要器械。人类社会有了战争就有了兵器，有了武艺也就有了作为其主要活动形式的器械技击。而掌握和使用器械的技巧——器械演练，就成为传统武艺武术活动当中的一项重要内容。

汉代比武画像石拓本（江苏省铜山县出土）

汉代击剑画像砖拓本（河南省郑州出土）

图说中国古代体育

西汉技刺空心画像砖（河南省郑州新通桥出土）

器械演练，是伴随着武术器械的出现和丰富而发展起来的。尤其是秦汉以后，受战争中适应近战决胜负之需要的影响，器械演练产生了令人瞩目的变化。这在当时的画像石、画像砖、壁画、漆绘以及其他文物艺术品的装饰上，均有许多单人执械的单练和双人执械的对练，同时，还有许多技击俑的发现。可以说，随着器械的多样化，武艺中的器械技击更为普遍。当时，出现了"剑舞""刀舞""双戟舞""钺舞"等兵械练习。这些练习，从总体上说来，多是以个人为单位进行的单人训练。《史记·项羽本纪》中曾记载了这样一件事，在鸿门宴会上，范增要杀死刘邦，唆使项庄离座舞剑。"庄曰：'军中无以为乐，请以剑舞。'"项伯为了救刘邦，"亦拔剑起舞，常以身蔽翼沛公。"这表明，这种剑舞既能作单人舞，亦能作双人舞，进退击刺必有一定之规，才能互相配合协调，达到赏心娱目的目的。这说明对抗性的练习形式在这一时期已颇为盛行。

三国吴彩绘童子对棍图漆盘（安徽省马鞍山出土）

唐代棍术武士泥俑（新疆吐鲁番出土）

唐代武艺对练图壁画（甘肃敦煌莫高窟第217窟壁画）

汉末以后，以器械进行技击格斗成为当时武艺中的主要形式之一，并且出现了一定的师承关系，产生了一些专门的技击术语。曹丕在其《典论·自叙》中曾讲述了一件他与奋威将军邓展比剑的事：有一次，曹丕与邓展共饮，酒酣之际，两人比剑，以蔗为杖。第一回合，曹丕三中邓臂，邓展不服，再次比赛，曹丕佯败，诱展入身，结果邓展中计，被击中了面额。从这里可以看出这时的击剑作为一种竞技项目，在技术上已有了很大发展，并且与其他器械技击一样，走上了一条以技击为手段的娱身与娱心相结合的发展道路。

由于武术器械的进步和器械种类的增加，为器械套路的进一步丰富创造了条件。在众多的套路技艺中，剑术套路可以说是武艺中颇有代表性的项目。《太平御览》卷五中"公孙大娘善舞剑"的记载，反映了当时的剑术套路已发展到了新的阶段。后来唐代大诗人杜甫在观看了公孙大娘的徒弟李十二娘舞剑的表演后，抚今追昔，遂写下了《观公孙大娘弟子舞剑器行》这一著名诗篇，成为研究唐代武艺套路技术的重要史料。魏晋隋唐以后，以剑为代表的武术器械，包括刀、枪、棍等的套路技

五代刀术壁画（甘肃省敦煌莫高窟第 61 窟壁画）

明代双枪技击图壁画（山西省太原崇善寺壁画）

在程式化和竞技化方面开始进入一个新的阶段。

宋元时期，由于统治者对讲武的倡导、民间艺人练武活动的兴盛以及套路技术的新发展，促进了武艺向多样化发展。而明清时期出现的所谓武术中的"十八般武艺"（明谢肇淛《五杂俎》），其大部分所指为器械演练套路之术。明清时期的许多绘画作品，如中国历史博物馆藏《明宪宗元宵行乐图》、河南登封少林寺白衣殿壁画等，就对武术中的器械演练做了较为形象地描绘，这可以说是社会上盛行的练武活动的真实反映。

明人绘《明宪宗元宵行乐图》卷局部·技击图（中国历史博物馆藏）

清代器械演练图壁画（河南省登封少林寺白衣殿壁画）

田径，是由人类三种最基本的身体活动方式——跑、跳和投所组成的。早在原始社会中，人们为了生存，为了与大自然搏斗，自然离不开跑、跳、投这些最基本的生活能力。无论在与野兽的拼搏中，还是在战争的厮杀中，人往往会显示出一些奇才异能。而这些具有跑得快、跳得远、投得准的奇异才能的人，自然就成为人们敬慕和幻想的对象。

　　在我国的古代早期史籍上，虽然没有"跑""跳""投"之类的文字。但是走、趋、奔这类跑的同义词，踊、逾高、超远、超距这类跳的同义词及掷这类投的同义词却早就出现在史籍中。作为人类体育运动基础的田径运动项目，实际上从远古时代就开始在人类社会中以种种相类似的体育手段发挥着重要的作用，并且在中华民族体育发展史上留下了诸如"逾高绝远，轻足善走""投石超距"等等许多动人的故事。

古代瓷瓶上描绘的跑步竞技形象
（选自《古代奥运会》）

田径活动

从"伍伯"到"贵由赤"

　　在我国古代神话典籍《山海经》中，记载着一个关于长跑的美丽传说：在北方大荒之中的一座高山上住着一位名叫夸父的巨人。为了与太阳赛跑，他越高山，涉险流，眼看火红的太阳就在前边，胜利已经在望之时。夸父已被烤炙得口渴难耐。他饮干了黄河与渭水，仍然解不了渴，最后由于过度干渴，巨人轰然倒下了。"夸父追日"的神话，虽然是人类征服自然的一种幻想，但人类长跑能力在征服自然过程中的作用，却给人类的想象提供了基础。

　　由于跑在古代生活中的重要作用，早在几千年前就出现过许多超乎寻常的长跑能手。在传世的西周时代的《令鼎》铭文中，留下了这样一段记载：一次，周成王率领他的臣下和奴隶去淇田场春种，在农事完毕返回王宫的路上，成王命手下的侍从在疾驰的马车后奔跑跟随，结果侍从自始至终紧跟在奔驰的马车后面，直到王宫，他因此得到了10户奴隶的赏赐。

夸父逐日图（选自《山海经》）

西周《令鼎》铭文拓本（选自《忘忧清乐》）

春秋战国时期，由于战争中车战改成大兵团的步兵作战，步兵的移动主要靠走和跑来完成，因而长跑训练就成为军事训练的重要内容。处于东南地区的吴国，本来是一个力量薄弱的小国。后来著名的军事家孙武被聘为吴王阖闾的军师，他常向吴王建议，加强对士兵长跑能力的训练。阖闾听了孙武的建议，要求士兵全副戎装，操弓挟矢，持戈盾，负干粮，一日强行军三百里，以提高兵士的耐力。这种长跑训练，在吴楚之战中充分显示了它的威力。当时，吴国选拔了3000名长跑能力最好的战士，组成先锋队，日夜兼程向楚国首都——郢（今湖北江陵境内）进发。由于运动速度快，乘楚军不备，吴军"五战五胜"，很快占领了楚国的首都。

战国漆奁彩绘伍伯出行图（河北省荆门出土）

战国以后，尤其是到了汉代，这类武士更为多见。在考古发现的汉代画像石、画像砖及墓葬壁画的车骑出行图中，我们常常见到一类出现于车骑行列中的"伍伯"图像，这些"伍伯"的形象多在奔驰的马前作奔跑状。四川德阳县（今四川德阳市）曾出土一块《伍伯》图画像砖，图上四人，头上着帻，身穿短衣，手荷长矛，均作飞奔状。右方二人手持管于口边吹奏，左方二人各执架戟，左手各执一物。这些被称为"伍伯"的长跑健儿，并不仅仅是只随王侯而行，在关键性的战役中或传递信息时，他们也是

东汉伍伯画像砖（四川省彭县出土）

东汉车马出行图壁画（河北安平出土）

要发挥"马拉松"作用的。这些长跑好手，训练有素，技艺非凡，可以说是当时盛行长跑活动的具体体现。

汉代伍伯画像砖（四川德阳出土）

汉代以后，善跑的人才不断涌现。据《北史·杨大眼传》记载，北魏孝文帝要南侵，命人"典选征官"。杨大眼前去应征，征兵主帅不知他的能力，不想录用。杨大眼便请求测试短跑，他用三丈长绳系在自己的头上，跑起来之后，"绳直如矢，马驰不及"。主帅大惊，立即任命他为先锋官。后来杨大眼战功显赫，被封为辅国将军。

大量的疾跑人才不仅出现在军事训练中，古代的邮递也练就出无数个"善跑"能手。据《梦溪笔谈·官政》记载，宋朝驿站传递有步递、马递和急脚递三种，其中急脚递日行四百里。金代，急脚递是一种长途负重接力跑，每十里至十五里为一站，传递者都是硕健之人，带文书、防

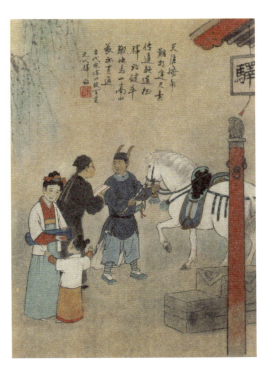

元代驿站送信（驿使）图（选自《古代风俗百图》）

身武器和雨具，而且腰悬响铃。这些担任急脚递的传递者，都是来自军中的善跑能手，可以说是最早的职业长跑家了。

在现代奥运会上，"马拉松"是引人注目的田径项目之一。这个项目以其特长的赛跑距离和它起源于公元前490年雅典人长距离奔跑报告抗敌胜利消息的著名史实而引起人们的兴趣。在元代，曾出现过奔跑距离比西方"马拉松"要长一倍的中国古代马拉松——"贵由赤"长跑赛。

"贵由赤"是蒙古语，意为快行者，是元代禁卫军开创的每年定期举行的超级马拉松比赛。据《山居新语》记述，这种长跑在元大都（今北京）和元上都（今内蒙古境内）分别举行。元大都的"贵由赤"起点为河西务（今河北武清县境内），终点为大都皇宫；元上都的"贵由赤"起点为泥河儿（今天津市武清区境内），终点为上都宫中。二者距离均为90公里，这一距离约为现代马拉松的二倍。从时间上看，开办于元世祖至元二十四年（1287年），比现代马拉松的创办早600多年；从组织形式上来看，几乎完全符合现代体育比赛的各项要求。应该说，"贵由赤"长跑赛在古代体育史上有着特殊的地位，在一定程度上促进了长跑项目的开展。

明代军事家们仍然重视对士兵的跑等基本技能与体质的锻炼。著名抗倭将领戚继光强调以跑步来练足力。为了提高战士的长跑能力，要求绑沙包，加强腿部力量，并且注意跑步中的呼吸。他在《练兵实纪》中还特别指出，战士练跑，应以跑一里不气喘为好，强调了在跑的过程中，要掌握有节奏的呼吸。反映了对跑这一活动形式的要领、方式和方法已达到了一定的认识水平。

跳跃、击壤与打布鲁

跳跃，是古代人在生产和生活中必不可少的一种技能。为了追赶野兽、猎取食物和传递消息，古代人不得不在奔跑的道路上或山林中，跨越许多障碍物。后来，这一技能就发展成为田径活动中的跳跃项目。

史前人类通过追逐猎物练就了跳跃和奔跑的技能（选自《中国远古文化》）

古代人在生活实践中的舞蹈类活动是他们跳跃技能形成和发展的基础

　　从我国古代跳跃运动的发展轨迹看，这类活动多与人们生活紧密联系，而且形式多样、内容丰富，但始终没有形成一套规范的竞赛程式。不过，这一形式却为我国后来跳远、跳高这一类活动的开展打下了基础。

原始人使用石球投掷图（选自《杂戏》）

唐代银杯上保留的使用飞石索的图案（故宫博物院藏）

　　击壤是我国古代一项古老的投掷活动，如果从传说中的尧算起，到现在至少已有四千年的历史了。但击壤究竟产生于何时，已很难查考。不过，击壤的产生大约与狩猎有关。远古时代，人类用木棒打野兽，为了投掷得更准确些，平时便要练习。后来，狩猎工具得到了改进，有了弹弓、弓箭和飞石索，一般就不再依靠木棒来掷击野兽了。这种练习便逐步演变成一种投掷运动。

　　晋皇甫谧《帝王世纪》中记载："（帝尧之世）天下大和，百姓无事，有八十老人击壤于道。"在《高士传》中也曾记述了尧时存在击壤的游戏，说尧出游于田间，路遇"壤父"击壤于道旁，一边击壤一边歌唱。在汉代王充《论衡·艺增》中曾记载一首尧时击壤老人唱的歌谣："日出而作，日入而息，凿井而饮，耕田而食，尧何等力！"意思是说太阳出来起床劳动，太阳落山回家休息，打井有水喝，种地有粮吃，击壤跟尧有什么关系呢！这里是反驳旁观者说击壤是尧的大恩大德。因而，"帝尧之世，击壤而歌"的记载成了后世歌颂太平盛世的典故。

　　对于击壤时所用的壤，在三国魏邯郸淳《艺经》中有记载："壤以木为之，前广后锐，长尺四，阔三寸，其形如履。将戏，先侧一壤于地，遥于三四十步以手中壤敲之，中者为上。"明朝王圻《三才图会》中也

奇人跳远图（选自《点石斋画报》）

有同样记载。说明击壤在古代是有比赛、分争高低上下、力求准确性的投掷运动。

　　击壤早已失传，大约是因为这种活动太单调的缘故。不过，击壤后来发展成为击砖游戏，用砖代替了壤，比赛的规则也比较完善了。虽然击壤在成人体育活动中没有继承下来，但是在儿童的游戏中延续下来。宋代时流行于寒食节、清明节前后的儿童抛堵游戏和明清时儿童游戏"打瓦""打板"等游戏都是用瓦块、石头玩的击壤形式的渲化。

击壤图（杨柳青年画）

击壤图（选自明《三才图会》）

掷地有金声——以投钱击木块的
游戏（选自《吴友如画宝》）

　　与击壤相类的，在蒙古族中还盛行着一种叫作"打布鲁"的投掷活动。它原为古代蒙古族牧民狩猎的工具和护身的武器之一，后发展成为蒙古族以及整个北方民族传统的投掷形式之一，并成了那达慕大会上的正式比赛项目。

　　古代传统的布鲁包括三个部分：头部，长度为长 18 ～ 20 厘米；身部，长度为长 32 ～ 34 厘米；把，长度为 8 ～ 10 厘米。布鲁的形状为扁、圆等形式，重量 150 ～ 450 克不等。由于形状和用途不同，又可分为几种类型：一种叫"吉如根布鲁"，这是一种铜铁制成的心状物，系着一根长皮条，主要用于在近距离猎获大型野兽，用力掷出后，可以穿透野兽坚韧的毛皮，直取要害，就是猛兽也会立时毙命；第二种叫"图固立嘎布鲁"，是木制的圆形物，前部灌有铅或包有铜铁，重量轻、速度快，适用于打一些机动性很强的小动物，如野鸡、野兔等；第三种为"海雅木拉布鲁"，是镰刀状的木制物，只用于平时练习。当打"布鲁"发展成为一种专用的民间投掷活动形式后，其活动方式演变为比赛掷远和掷准两种形式。掷准比赛又分定点目标和活动目标。这些活动常用来提高狩猎技能，是狩猎的基本功。由于在狩猎时布鲁能同猎枪发挥同等效力，且投掷布鲁技术好的猎手可以比持枪猎手优先命中猎物，因而技术优秀的投掷者被人们誉为"木枪手"。

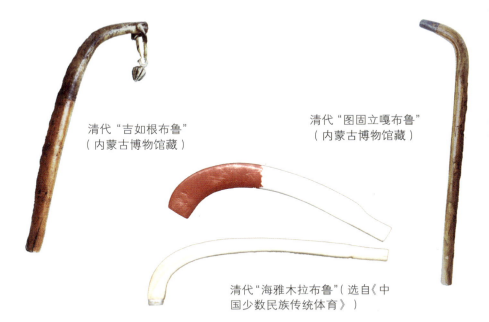

清代"吉如根布鲁"
（内蒙古博物馆藏）

清代"图固立嘎布鲁"
（内蒙古博物馆藏）

清代"海雅木拉布鲁"（选自《中国少数民族传统体育》）

蒙古族的打布鲁"木枪手"（选自《中国少数民族传统体育》）

作为人类习武和健身手段之一的练力与举重活动，其最初源于原始人类的生活实践，是人类基本生活技能提炼的结晶。随着社会的进步和文化的发展，广泛盛行于民间的练力与举重形式也逐渐成了军事训练的重要项目。在发展过程中，这两项相关的运动技能，无论在内容上，还是在竞赛方式上，都得到了进一步的提高。不同形式和不同特点的练力与举重活动在不同时期的发展，更加丰富了中国古代体育活动的内容。

清代张恺　王继明　张启明　屈兆麟绘《普庆升平图》卷·练石锁（故宫博物院藏）

练力与举重

扛鼎、擎钟与举大象

举重物的竞技活动在我国古代经历了三个大的阶段：一是举生活用具；二是举木或铁制的举重器和其他重物；三是举石制的举重器。由于举重器具的不同，其名称也有差异，如翘关、扛鼎、举大象等，都是古代举重物竞技活动的名称。

在夏、商、周三代的传说中，就有许多以举（拉）重物闻名的大力士，如夏桀"有才力，能伸钩索铁，手搏熊虎"；殷纣"能倒曳九牛，扶梁换柱"；有穷氏国君寒浞的儿子"能陆地行舟"。拉直铁钩，空手擒缚猛虎，曳住九牛，扶住屋梁换下房柱，以及在陆地上拖动木船，这些生活和生产上用力的事，需要几个人或十几个人才能办到的，而力量大的一人就办到了。反映了我国古代举重活动的源远流长。

汉代举重、练力画像石（江苏省铜山县出土）

春秋战国时期，我国史籍和文物资料中开始出现了与"翘关"和"扛鼎"有关的举重的记载和描述。

翘关就是举城门上的大木门栓，扛鼎就是举烧食物的大锅子。《吕氏春秋》《淮南子》《论衡》《列子》等书都记载了"孔子之劲，能招（通翘）国门之关"。国门之关就是诸侯国都城门的大门栓。诸侯的国都城门一般都有四五丈阔，如果用拱把粗的木头做栓，也有几十斤重；扛鼎就是"横关对举"，即在两个鼎耳之间穿一根杠子，两个人把它抬起来。而一个人扛鼎，就是手提横杠把鼎举起来。战国时举鼎力士最多的是秦国。秦国用封官的办法招来了许多大力士。有名的乌获、任鄙、孟贲等，都是能力举千斤的人。乌获当上了将军，任鄙被封为汉中郡太守，可以说都是高官厚禄了。秦国的国君武王也是一个大力士，他年轻好胜，随秦军东征，到了周朝的宗庙里，看见有许多大鼎，他就和孟贲作举鼎比赛。结果因为力量不足，鼎掉下来砸断了膝盖骨，流血过多而死。虽然这事和孟贲无关，但根据封建社会的法律，不能谏止国君，导致君死，就是大逆不道的，孟贲的一家子都被杀死了。

商周时期的铜鼎经常被力士们作为举重练力的道具（选自《中国文物精华大辞典》）

湖北随县曾侯乙墓出土的巨型编钟架就设计了一位大力士来举托，反映了当时举重练力活动的盛行。

图说中国古代体育

汉代仍以扛鼎为练力活动之法，唱过"力拔山今气盖世"的大力士项羽，"身长八尺，力能扛鼎"，在作战中"大呼驰下，汉军皆披靡"。汉武帝的儿子广陵王胥，也是"壮大，力扛鼎"。《汉书·邹阳列传》上说，赵王曾召"鼎士袒服于丛台之下"。这些都说明西汉社会十分重视练力活动，其练力的方式仍以扛鼎为主。随着社会发展的需要，汉代的练力方式是更为扩大了。现藏徐州博物馆的一块汉画像石，是西汉墓室中的横梁。图像中共有七人，左二人手持兵器共同搏虎；第三人弓步蹲身作拔树状；第四人手握一只死兽的尾巴，把庞大的兽背在身上；第五人双手执鼎耳，把鼎翻举过头顶；第六人双手抱一幼鹿；第七人手中持一环状物。这幅"搏虎、拔树、背兽、扛鼎图"就是汉代的练力图。

汉代灯的造型多流行力士举重物的形象，反映了汉代的举重练力仍利用生活用具作为道具（选自《中国文物精华大辞典》）

汉代举重活动形式虽然仍旧利用生活工具，但其用于社会娱乐表演的方式增多了。张衡在《西京赋》中描写长安城的娱乐表演时说，在纷繁的百戏歌舞表演中，也有"乌获扛鼎，千斤若羽"，这说明扛鼎已成为社会娱乐项目。汉代除了扛鼎的表演之外，也还有举各种重量的生活用具的。南阳汉画像石上，有一幅绘有壮汉在臂上玩弄大铜壶的图像。内蒙古和林格尔的汉代壁画上，有一个赤裸上身、显露出粗壮肌肉的汉子，抛举一个大车轮子的表演，说明了这类活动在当时是十分盛行的。

唐宋时期的举重除了作为军事训练的武举考试之外，也还是社会上较为盛行的一项体育活动。在甘肃省敦煌市莫高窟第61窟中，有一幅五代时期的举象、擎钟壁画，该壁画左侧一人单臂将一只大象举起，中间一人双手执象腿正要上举；右第一人双手扶一大钟，似正在考虑如何将其举起，而第二人已将一只大钟擎起。图的背景为一片原野，使画面更具气势。

汉代乐舞举壶画像石（河南省南阳出土）

汉代举车轮壁画（内蒙古和林格尔出土）

明清时期，举重物的活动更为普及，而且所举重物各种各样，有的壁画中甚至出现了手抛大象的形象，虽有些夸张，但反映出当时的举重活动还是广为流行的。如在许多少数民族中，还盛行举石练力的活动，迄今也未绝迹。

五代举象、擎钟壁画（甘肃敦煌莫高窟第 61 窟壁画）

明代举象图壁画（山西省太原崇善寺壁画）

藏族喇嘛抱石练力图壁画（西藏拉萨布达拉宫壁画）

举石锁

　　古代举重物的活动发展到宋代以后，人们练力所举的重物逐渐转向专门制作的石制器具上，这就是石锁。

　　明清两代承续唐代的武举制度，将原来考试内容中的翘关的举重方法改变为掇石。据《清代科举考试述录》记载，武科考试分三场：头场试马步箭，第二场试技勇，第三场考兵法。技勇就是拉弓、舞刀、掇石三项。在明清，考试分得很细，如"石有二百斤，二百五十斤，三百斤。各以三号、二号、头号，分等试之。……掇石必去地一尺，上膝或上胸"。

清代端技勇石图（选自《北京民间风俗百图》）

清代耍石担举重图（选自《北京民间风俗百图》）

封建统治者开科武举的目的是为其选拔得力的将才，但在客观上却促进了举重活动的开展。民间出现不少技勇，如道光年间，琼州府文昌县的符成梅，年已八十四岁，还能够拉开三号弓，刀舞胸背花，掇石离地。

由于石制的举重器简便易得，我国各地民间都盛行举石锁、石担等活动。尤其是在武艺武术的练习过程中，举石锁等活动已经成为不可缺少的重要形式。在经过了几千年的演化之后，我国古代的举重活动，从举生活工具发展到了举特制木、铁举重器和石制举重器等阶段，反映了古人对举重活动的重视。随着不同时期对举重运动器具的不断改进，举重活动始终未予断绝，并一直在民间广泛地开展着。

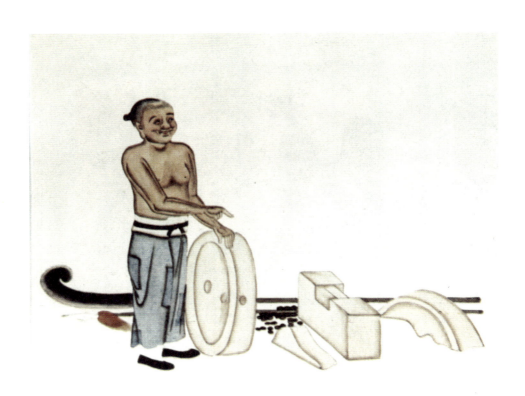

清代民间卖艺图（选自《北京民间风俗百图》）

中国古代的角力，亦称角抵、相扑，即后来的摔跤。作为一项历史悠久的传统体育项目，这一运动形式是史前人类最初的自身防卫手段的发展和提高。在中国古代的几千年历史长河中，这一活动形式既是军事训练的重要内容，又是社会上的一种娱乐和竞技项目，在不同阶层皆有着广泛的基础，深受人们的喜爱。随着历史的发展和中外文化的广泛交往，这类极具竞技特色的中华古代传统运动形式还不断地流传至国外，成为深具影响力的具有民族风格的体育运动项目。

清代摔跤图壁画（西藏拉萨布达拉宫壁画）

角力与摔跤

图
说
中
国
古
代
体
育

角力与角抵

　　夏商西周时期，以手搏为特征的徒手技能已经出现了。如《史记·殷本纪》中形容帝纣"材力过人"，能"手格猛兽"。既然能徒手和猛兽格斗，应当是一个训练有素的角力能手。统治者尚能如此，他的将士不能不受影响。

　　西周时期，角力已经见于文字描述，《礼记·月令》中有明文记载："孟冬之月，……天子乃命将帅讲武，习射御角力。"《淮南子·时则训》中也记述了周天子命令讲武之事："孟冬之月……命将率讲武，肄射御，角力劲。"角力是一种近战肉搏的技术，也是一种能锻炼体质、力气和耐久力的运动，这些记述表明了角力也是战时必须掌握的基本技能。

战国角抵图铜牌饰（陕西省长安客省庄出土）

东周伊始,角力之技更为普及。秦汉之际,出现了角抵之戏。所谓角抵,即是指角力而言。如《汉武故事》中解释:"角抵者,使角力,相抵触也";《古杭梦游录》云:"聚诸力士相角力,以能颠扑他人为胜",都说明角抵即是角力的发展。

角抵图(选自明《三才图会》)

角抵作为我国古代的一种竞技类活动，属于徒手搏斗的范围。据古文献记载，与角力有关的角抵活动最早始于古冀州的"蚩尤戏"。南朝梁任昉在《述异记》中说："秦汉间说，蚩尤氏耳鬓如剑戟，头有角。与轩辕斗，以角抵人，人不能向。今冀州有乐，名'蚩尤戏'，其民两两三三，头戴牛角而相抵。"蚩尤戏是流行于我国古代北方农村的民间竞技，带有纪念与黄帝逐鹿中原的蚩尤氏的内容。

图说中国古代体育

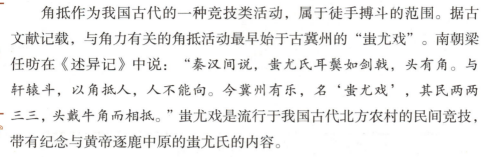

汉代蚩尤戏画像石（山东省嘉祥县出土）

秦始皇统一六国后，禁止民间私藏兵器，作为徒手相搏斗的角抵因此兴盛起来。《史记·李斯列传》记载秦二世在甘泉宫"作角抵俳优之观"，可见这时的角抵是包括各种技艺的综合性竞技表演活动。1975 年在湖北江陵出土的秦代漆绘木篦，背面绘有角抵场面：帐幕下，二人跨步伸臂相搏，左一人平伸双手。三人均赤裸上身，腰束长带，穿短裤，足登翘首鞋。

秦角抵图漆绘木篦（湖北省江陵凤凰山出土）

由其画面的描绘，我们可知这一角抵是在台上进行的，并已成为一种普遍的表演形式。

汉代角抵戏流行的范围较广，并得到了社会各阶层的喜爱。汉武帝十分喜好观赏角抵戏，元封三年（前 108 年）、六年（前 105 年）曾举行过两次大规模的角抵戏表演，《汉书·武帝纪》谓"三百里内皆（来）观"，"京师民观角抵戏于上林平乐馆"。如此之盛大，且载入史册，足证角抵之盛行。刘彻不仅自己喜好观赏角抵，并常以角抵表演接待外宾，"孝武之世……开玉门，通西域"，"设酒池肉林，以饷四夷之客，作巴渝都卢、海中砀极、漫衍鱼龙、角抵之戏，以观视之"（《汉书·西域传赞》）。明确记述了用角抵戏接待外宾的情况，并点出了角抵戏从此花样翻新，越加兴盛。

汉代灰陶角抵俑（《中国文物世界》著录）　　　汉代角抵纹肖形印（故宫博物院藏）

东汉角抵图壁画（河南省密县出土）

西汉元封二年和三年（公元前 109 与前 108 年）武帝曾派兵出击在朝鲜立国的卫氏王朝，在那里设置真番、临屯、乐浪、玄菟四郡。昭帝时废真番、临屯，只存玄菟、乐浪二郡。据《汉书·地理志》记载，那个时期，"乐浪海中有倭人，分为百余国，以岁时来献见云"。文中的"百余国"，后来合并为日本国。《后汉书·东夷传》也记载："倭在东南大海中，依山岛为居，几百余国，自武帝灭朝鲜，使驿通于汉者，三十余国。"由于刘彻和刘弗陵（汉昭帝）都是常用角抵戏招待外宾的人物，因此，角抵作为汉文化的一个内容，通过"倭人"三十余国的使者，传入到日本，现在日本的相扑当是那时由中国传去的。

图说中国古代体育

江户时代相扑风俗图屏风（日本福井县立美术馆藏）

东汉时期，角抵依然盛行。后汉张衡著名的《西京赋》中咏道："临迥望之广场，程角抵之妙戏。"用"妙"字来形容其美好，可见角抵戏仍深受人们的喜爱，这一时期，仍沿用西汉以角抵戏招待外国使者的旧例。《后汉书·夫余国传》所说的"顺帝元和元年，其王来朝京师，帝作黄门鼓吹角抵戏以遣之"即为一例。

汉代的民间还出现了一种由"蚩尤戏"发展而成的由两个人在公开场合表演的竞技活动，这已经具有后来相扑的基本特色，并有着特定的文化内涵。这一特色也已被考古发掘所证实。20世纪70年代，我国考古工作者在山东省临沂的金雀山汉墓中发掘了一幅汉代帛画，画面上所出现的两个角抵者皆手臂大张，怒目逼视，作跃跃欲扑之状。在这古帛画的画面左侧，有一旁观者。只见他拱袖肃立，当为角抵者的裁判。

西汉角抵图帛画（山东临沂金雀山出土）

相　扑

　　晋代伊始，角抵又出现了另一名称——"相扑"。《太平御览》引《晋书》记载："襄城太守责功曹刘子笃曰：'卿郡人不如颍川人相扑。'笃曰：'相扑下技，不足以别两国优劣。'"到了隋唐代五代，相扑、角抵二名称并行，其活动的特点还是赛力性的竞技，且多在军中进行。

　　相扑在民间盛行是在宋代，宋代的相扑大致可分为两类。一类是正式决胜负的竞技比赛，有"打擂台"的性质。据《梦粱录》所载："若论护国寺南高峰露台争交，顺择诸道州郡臂力高强，天下无对者，方可夺其赏。"宋代正式决胜负的相扑比赛情景，我们从小说《忠义水浒全传图》七十三回燕青"智扑擎天柱"中可见其概貌。宋代另一类相扑，则是平日在瓦舍等游艺场所里进行的表演性相扑，其竞争性不像前者那样激烈。每逢相扑比赛表演，观者如堵，巷无居人。在宋代的百戏演出中，相扑表

《忠义水浒全传图》第
七十三回"智扑擎天柱"

高句丽相扑图（吉林省集安出土）

宋代绿釉小儿相扑陶俑（河南省博物院藏）　北周相扑图壁画（甘肃省敦煌莫高窟第 290 窟壁画）

演无疑是最能引起观众兴趣的体育内容。相扑者的服装，多沿袭前代的旧制，比赛双方上身赤裸，下身光腿赤足（也有脚穿靴鞋者），仅在腰胯间束一短裤。瓦舍的相扑表演还有小儿相扑和乔相扑等。小儿相扑是儿童模仿成年相扑手的动作而进行的娱乐表演，充满稚气，很受人们的欢迎。乔相扑则是一个人表演的相扑游戏，即由一个表演者俯下身去，四肢着地，套上戏装和道具，扮成两个人相扑的样子，滚摔跌打，取悦观众，这一表演游戏在我国北方一些地区至今仍可见到。

宋代相扑泥俑（陕西省博物馆藏）

金元继承宋之旧俗，相扑活动仍很盛行，特别是在每年三月二十八日的东岳庙会上，相扑比赛更是常见的形式。元代有一部杂剧，叫《独角牛》，描写的正是东岳庙相扑。反映出相扑这一运动形式已成为文学作品中唱颂的内容之一。

摔 跤

明代以后相扑多盛行摔跤这一名称。尤其是当时的戏曲演员，远承汉代以角抵表演故事的传统，近承元代武戏之制，在戏剧中广泛地应用摔跤，如当时的一部《目连救母》，要选择善摔跤能跌打的数十人参加演出，规模之宏大，远胜于宋元时期。

满人入主中原之后，摔跤也自然而然地被带入中原，与中原悠久的摔跤结合，一下子把摔跤推向了一个崭新的高峰。由于政府将摔跤列为军事技术之一加以提倡，并有固定的编制和经费，因而得到迅速发展。当时，朝野上下，宫廷内外，喜欢摔跤的不可计数。有专门吃这碗饭，为朝廷摔跤的，称为"官跤"，跤手名为"布库"，老百姓叫白了，就是"扑户"。朝廷有专门机构管理布库以及一切有关事宜，名为"善扑营"。布库们按技术高下分一、二、三等，按等级领取钱粮。他们的任务就是研究跤法，练习摔跤，照例于每年十二月二十三日在养心殿御前摔跤。故宫博物院

清代善扑营摔跤图（故宫博物院藏）

图说中国古代体育

清郎世宁《塞宴四事图》局部·摔跤（故宫博物院藏）

珍藏着一幅《塞宴四事图》，为乾隆年间所绘，"四事"之一就是摔跤。尽管绘画者极力渲染它的仪式性，但仍难以掩盖其浓烈的娱乐竞技色彩。

除了朝廷，民间业余摔跤叫"私跤"，为的是玩，也有在专门场合摔跤的。清代北京的跤场遍布全城，东四、西四、月坛、日坛、天桥、地坛、朝阳门、永定门、崇文门、地安门，都有"跤窝子"。在绿茵场上、杨柳树下，人围数匝，观看几对大汉摔跤。他们双双下了场，跳起"黄瓜架"，轻盈漂亮，引得观众阵阵喝彩……

在摔跤表演中，除两人相搏，还有一种"跤人子"的节目，又名鞑子摔跤，亦各假摔跤，据说系关外传来。其法以一人负两偶人作互抱之势，戏者之腿，即作一偶之（两）腿，另外两手伸入靴内，作为另一偶之腿。戏时弯腰，两手伸地，或伸腿，或伸手，或左倾，或右倾，做种种相扑之势。此种方法，并非仅由"关外传来"，宋时已有"乔相扑"，就是所谓的"跤人子"之类。

摔跤也是兄弟民族爱好的游戏，为全国普遍开展体育活动之一，它具有数千年的历史。摔跤发展至清代，无论是在技术和训练方法方面，还是在民间广泛开展方面，均达到了一个新的段阶，并为以后的不断发展奠定了更坚实、更完整的基础。

从角抵到相扑，再到摔跤，这一盛行了数千年的中华民族传统竞技，不仅源远流长，而且丰富多彩。

清代藏族摔跤壁画（西藏桑耶寺壁画）

清末北京老天桥的"跤窝子"（选自《北京老天桥》）

以呼吸配合肢体运动为主要形式的保健养生活动，是中国古代医疗体育的重要内容。早在3000多年前的夏商时期，人们为了长寿、健康，即创造了各种保健养生的方法。作为古代华夏民族的一类独特的健身运动项目，在长期的历史发展中，经过各个时代保健养生家们的实践和提炼，包括导引、行气和按摩在内的各种养生方式，逐渐成为深受人们喜爱的传统体育的重要内容。

西汉《养生方》竹简（湖南省长沙市马王堆3号西汉墓出土）

保健养生

图
说
中
国
古
代
体
育

导引术

导引是一种以肢体活动为主，配合呼吸吐纳的运动方式。"导引"一词最早出现在《庄子·刻意》中。庄子认为那些喜欢模仿各种动物活泼有趣的动作来创编导引术势的人们，只不过是"为寿而已矣"，这些就是像彭祖这样的导引养生家所爱好的事情，"此道引（导引）之士，养形之人，彭祖寿考者之所好也"。彭祖据说名叫钱铿，相传为殷商时人，因其封地在彭城，他本人又被奉为养生家们的祖师爷，所以被称为彭祖。对《庄子》中所指出的"导引"，后人李颐的解释是"导气令和，引体令柔"，是一种包含了呼吸吐纳、引伸肢体和自我按摩的追求长寿的活动。

秦汉时，导引术有了很大的发展。在《淮南子》一书中已有不少模仿动物的养生练习的记载，其中除了"熊经""鸟伸"以外，还提到了"凫浴""猿躩""鸱视""虎顾"等，这六种名目即是后人所谓的"六禽戏"。1973 年，湖南长沙马王堆 3 号西汉墓中出土了一幅《导引图》，图中彩绘有 44 个各种不同人物动作的导引形象，这是迄今所发现的最早

西汉《导引图》帛画（湖南省长沙市马王堆 3 号西汉墓出土）

保健养生

导引术

西汉《导引图》复原图

的、最完整的古代导引图解。全图长约 1 米，宽约 0.5 米，人物动作全都是彩色工笔绘成。练习导引的有男有女，有老有少，有裸背者，也有穿衣者，其衣冠均为当时一般庶民打扮，反映出导引在当时已经有非常广泛的群众基础。图中的导引术式大体可分为两类：一类是根据人体形态所提炼出的日常生活动作；一类是模仿动物形态的仿生类，由熊经、鸟伸等发展到鹞、龙、猴、鹳、猿、鹤、燕、蟾等 17 个术式。就整个《导引图》看，它充分反映了当时导引术式的多样性特点。在功能方面，图中既有治病的术式，也有健身的术式。图内很大一部分题记所标明的"引"（或"俛"）什么病的，诸如"引聋""引膝痛""引肢（脚）责（积）""引炅（热）中""引温病""引脾（痹）痛"等，就是指的有关治病的术式。这里的"引"是"引体令柔"之意，"俛"则指屈身俯地而言，将此与某种病名联系起来，显然是通过一定的肢体导引运动来治疗某种疾患。图中对导引运动形式的表现方面更是多种多样，既有立式导引，又有步式导引和坐式导引；既有徒手的导引，又有使用器械（如杖、鞠）的导引；既有配合呼吸运动的导引，如"仰呼""猿呼"等，又有纯系肢体运动的导引。而大量模仿动物形态的仿生类导引，更是《导引图》中的一个主要内容，反映出中国古代体育尤其是养生体育中仿生性这一重要特征。

东汉时期，导引术有了进一步的发展。作为导引术发展到一个崭新水平的标志，则是东汉末年著名医生华佗创编的"五禽戏"。华佗（?—208年），字元化，今安徽亳州人。他不仅精于医道，长于外科手术，对养生学也颇有研究。华佗非常强调运动对于健康的重要性，认为人的身体应当经常运动，"但不当使极耳"，即不要过分。他在前人有关导引理论和实践的基础上，根据人的生理和某些医理，模仿虎、鹿、熊、猿、鸟五种动物的神态编制了一套自我保健的导引套路"五禽戏"。华佗对他的弟子吴普说："吾有一术，名五禽之戏：一曰虎，二曰鹿，三曰熊，四曰猿，五曰鸟。亦以除疾，兼利蹄足，以当导引。体有不快，起作一禽之戏，怡而汗出，因以著粉，身体轻便而欲食。"据说吴普听了他的话认真练习五禽戏，90多岁时眼不花，耳不聋，牙齿不脱落。

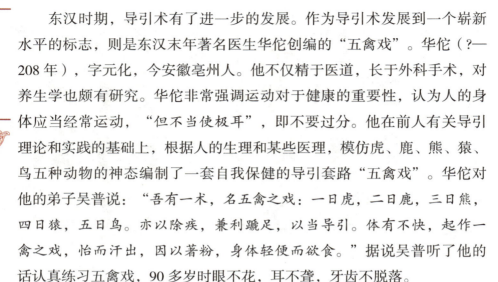

五禽戏之虎戏（选自清席裕康《内外功图说辑要》）

五禽戏之熊戏（选自清席裕康《内外功图说辑要》）

五禽戏之鹿戏（选自清席裕康《内外功图说辑要》）

四曰猿

五曰鸟

五禽戏之猿戏（选自清席裕康《内外功图说辑要》）

五禽戏之鸟戏（选自清席裕康《内外功图说辑要》）

华佗像（选自《中华文明大图集》）

两晋南北朝时的养生大家葛洪也是一个对古代导引和整个养生术做出杰出贡献的人物。作为一个医学家，葛洪的养生之道在强调行气的同时，还继承和发展了前人导引养生的理论和方法。继葛洪之后的陶弘景，更精于养生之道。在他的《养生延命录》中，汇辑了前人一系列导引方法，其中包括啄齿、漱唾咽津、握固和肢体运动等术式。他所辑录的华佗的"五禽戏诀"，是现存最早的关于华佗五禽戏动作内容的文字说明。此口诀虽然是后人所编，但对五禽戏的推广与普及起了重要作用。

　　文化鼎盛时期的隋唐，各种流派的养生术开始汇集在一起，并逐渐地形成了一个博大精深的体系，导引养生术达到了空前繁荣的程度。隋代巢元方在其主持编修的《诸病源候论》这一医书中，仅气功养生法就列有260多条。而唐代医学家王焘《外台秘要》所记载的导引方法竟然达到300种以上。由于医学家对导引术的广泛采用，促进了导引术的演变。这除了兼收各家之长，不拘泥于形式，拓展了对导引术式的选择外，进行导引活动的针对性更强了。这种趋势促使导引养生术更加积极地朝着预防疾病、强身保健、修身养性和益寿延年的方向发展。这对宋代以后养生体育中用于保健的导引功法的发展产生了深刻的影响。

南宋文八段锦图谱（载明刊本《三才图会》）

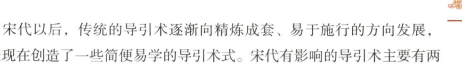

宋代以后，传统的导引术逐渐向精炼成套、易于施行的方向发展，这表现在创造了一些简便易学的导引术式。宋代有影响的导引术主要有两种。一种是宋初道士陈抟创编的"十二月坐功"，这是按二十四节气所规定的导引坐功。其动作简单，术式较少，而且肢体操结合保健功，针对病症进行活动，因而具有一定的科学性和实用性。另一种是至今仍在流行的"八段锦"。"八段锦"之名始见于南宋洪迈的《夷坚乙志》卷九，文中称在北宋政和七年（1117年），已有"行所谓八段锦者"。实际上，八段锦是一个和中医理论结合的简便易行的健身操，因其动作连贯、对身体的锻炼相当全面，故一直长盛不衰。这两种导引术精炼成套，简便易行，肢体活动紧密服务于健体运动，是古代导引养生新的发展，对明清的导引术势的形成有相当的影响。

十九字即四十九蹻搽也

指想性上蹻两掌想性下搽数四

默数七七四十九字每数一字十

臂垂下肘微曲两掌下十指朝前

兴肩齐脚跐平不可前後參差两

面向東立首微仰目微上視兩足

第一套第一式

清人绘《调气炼外丹图式》第一套第一式（中国医史博物馆藏）

清人绘《调气炼外丹图式》第一套第一式习练要领（中国医史博物馆藏）

中国古代传统的导引养生术发展到明清已趋于完善和系统化，许多养生学家对古代的一些养生功法和书籍做了研究与整理。如明代高濂的《遵生八笺》、冷谦的《修龄要旨》、龚廷贤的《寿世保元》、胡文焕的《寿养丛书》和清代的《寿世传真》《内功图说》等。在这些养生著作中，都强调了导引术是强身防病、延年益寿的重要手段。这时，除了总结、整理以前的导引术势以外，还出现了不少新的导引方法，如始见于明朝天启四年（1624年）手抄本的"易筋经十二势"。这样，不但使中国传统的养生体育更具实用性，而且使流行了几千年的导引术更加系统化，促进了各种健身功法的发展。

清人绘《调气炼外丹图式》第一套第四式（中国医史博物馆藏）

清人绘《调气炼外丹图式》第一套第四式习练要领（中国医史博物馆藏）

欲養正氣如何
曰宜穿膝坐累
手按脛忘言忘
怒忘樂閉息默
運叩齒氣足而
止則心自正諸
欲可戒

清人绘《导引图》养正气导引式（中国中医研究院图书馆藏）

图说中国古代体育

行气术

　　行气，又叫吐纳、服气、炼气、胎息等，是在意念指导下的一种呼吸锻炼。行气这一养生方式开始于什么时候，现在还找不到确切的记载。我们今天所知道的最早的史料，是现存于天津历史博物馆的战国初期的《行气铭玉杖首》。这件器形呈十二面体柱状，上刻篆书一段关于"行气"的铭文，每面刻三字，有九字重文，共四十五字。按照郭沫若《"行气铭"释文》的考释，其铭文是这样的："行气，深则蓄，蓄则伸，伸则下，下则定，定则固，固则萌，萌则长，长则退，退则天。天几春在上，地几春在下。顺则生，逆则死。"铭文大意是说，吸气深入则多其量，使它往下伸，往下伸则定而固；然后呼出，像草木之萌生，往上长，与深入时的经路相反而退进，退到绝顶。这样，天机便朝上动，地机便朝下动，顺此生之则生，逆此生之则死。这是目前人们所见到的最早的关于气功理论的论述，它扼要地阐明了行气的要领、过程和作用，和后世气功所谓"气沉丹田"及"周天运行"等理论与方法基本一致。《吕氏春秋·序意》中"天曰顺，顺维生。地曰固，固维宁"的记述，与行气铭的观点也是一脉相承的，这表明战国时期的中国已经有了较为高深的行气方法。

战国行气铭玉杖首（天津市历史博物馆藏）

> "行氣，深則蓄，蓄則伸，伸則下，下則定，定則固，固則萌，萌則長，長則退，退則天。天機舂在上，地機舂在下。順則生，逆則死。"
>
> 這是深呼吸的一個回合。吸氣深入則多其量，使它往下伸，往下伸則定而固；

> 然後呼出，如草木之萌芽，往上長，與深入時的徑路相反而退進，退到絕路。這樣，天機便朝上動，地機便朝下動。順此行之則生，逆此行之則死。
>
> ——郭沫若譯文——

战国行气铭玉杖首原文及释文（选自郭沫若《"行气铭"释文》）

《黄帝内经》是我国最早的一部医书，其部分篇章撰写于战国时期。书中认为，"气"是构成人体的微小物质，如果"呼吸精气，独立守神，肌肉若一"，就能够"寿蔽天地，无有终时"，达到健康长寿的目的。

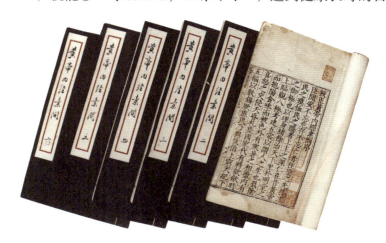

战国时期出现的《黄帝内经·素问》（中国中医研究院图书馆藏）

道家学派主要代表人物庄子非常重视身体的养护，其养生原则是要人们做到"依乎天理，因其固然"。在他的著作中，对"行气"的基本方法与要求进行了记述，比如"一若志，无听之以耳，而听之以心，无听之以心，而听之以气"的入静过程，以及行气过程中"其息深深，真人之气至踵"等。这种以静坐功夫为特征的行气术，对后世养生产生了广泛的影响。

秦汉以后，在先秦阴阳五行哲学思想和精、气、神等原理的影响推动下，行气术已开始形成系统的体系。一是以意守为主要特征，强调以守修性，以内气养形的"抱神导一"的行气术；一是重视循经络行气，在一呼一吸中循环一次为特征的"周天行气法"。前者继承了庄子的行气术式，而后者则导源于"行气铭"之术式，形成了中国传统养生体育中行气术式最初的两大体系。

1973年，在长沙马王堆三号西汉墓中出土了一篇写在缯帛上的著作《却谷食气篇》。文中提到了一种不吃粮食，只吃石韦（一种中药材），靠食气（呼吸锻炼）进行的行气术。其中讲到，"为首重足轻体胗，则昫吹之，视利止"。指出因"辟谷"而导致头重脚轻、身体上出现浮肿时，应用"吹"的方法行气，一直到痊愈时才能停下来。同时，强调在不同的季节（如春、夏、秋、冬）行气时，应利用不同的自然环境，特别要保持空气的新鲜。这篇养生著述虽不免迷信色彩，但对行气的内容、做法及注意事项等的记载，较之以前的理论更为详细、具体和系统，并产生了相当大的影响。

西汉彩绘行气入静图陶奁（河南省洛阳出土）

西汉《却谷食气篇》帛书
（湖南省长沙马王堆出土）

《周易参同契》一书是东汉人魏伯阳"假借爻像，以论作丹之意"的道教养生著作。晋人葛洪在《神仙传》中说："魏伯阳，吴人也。本高门之子，而性好道术。"他对秦汉时勃兴的方仙道持批判态度，继承了"天地宇宙，一人之身也；六合之内，一人之制也"的物我一体思想，视人体为一个"小宇宙"。他以《周易》阴阳运动原理为骨架，以"黄老"精气学说为内核，借用丹鼎炉火等术语，构筑起了行气炼养术的理论模式。可以说，这一著作代表了当时行气理论的主要流派。

东汉时期出现的《周易参同契》（选自《神异典》）

清谈玄远、寄情山水、饮酒食药、避祸祈福的"魏晋风度"为这一时期养生的发展提供了条件。集神仙方术之大成者的葛洪，就提出了他自己的一套养生主张和养生方法。在行气方面，他认为"气"是构成人体的重要物质，人赖气以生。在行气的功法方面，葛洪特别强调和主张"胎息法"，亦即模拟胎儿在母体中的呼吸状态。他在《抱朴子·内篇》中还记有鼓口咽气法、守一法、内视法、反听法、数息法等养生术。其中守一法、内视法、反听法都是通过人的意念活动达到入静保神的目的，它们是后世"静功"的重要组成部分。

隋唐时期，有关养生体育中的行气术更为完善和充实。被后人称为"药王"的孙思邈，同时也是一位著名的养生家和道教的虔诚信徒。他在《千金方》《福禄论》《摄生真录》《摄养枕中方》等著作中论述的养生理论和方法，一直为后人所称道。孙思通很重视行气，他认为"行气可以治百病……可以延年命"。为此，他在书中记载了不少前人提出的行气方法，诸如调气法、内视法、禅观法、六字诀及胎息法等，并加以整理和发挥。同时，还提出了咽气、淘气、炼气、委气、服气、引气等行气法。唐代的另一位大养生家陶弘景的四传弟子司马承祯，还打破传统，在原有的行气方法的基础上，大胆地吸收了佛教的"渐悟""禅定""止观"等理论，从而建立起有别于道教上清派传统气法的养生方法。司马承祯引佛入道，不但较系统地解决了传统气法中的入静问题，而且对唐末五代兴起的内丹派"性命双修"的理论产生了深远的影响。

图说中国古代体育

在养生术全面兴盛的同时，一种以人体为炉鼎，以元精、元气、元神为先天大药，经过一定程序的炼养步骤，使精、气、神在体内聚凝不散的"内丹术"，生机勃勃地发展了起来。内丹术的创导者是隋人苏元朗，他首著《旨道篇》，"自此道徒始知内丹矣"。至唐末五代，内丹术有了巨大发展，钟离权、吕洞宾、刘海蟾及崔希苑等都是推行和发展内丹术的著名人物。在崔希苑著《入药镜》、施肩吾著《钟吕传道集》等书中，都对内丹的理论和内丹气法进行了系统的论述，成为宋元内丹派形成的主要基础。

唐代《呼吸静功妙诀》（甘肃省敦煌莫高窟藏经洞出土）

对宋元内丹派形成做出重要贡献的当首推宋朝初年的华山道士陈抟，他行内丹修炼法，创睡功诀（即蛰龙法）。为此，曾作诗一首，对这种行气法所达到的境界进行了形象的描绘，诗中说："至人本无梦，其梦乃游仙。真人亦无睡，睡则浮云烟。炉中长存药，壶中别有天，欲知睡梦里，人间第一玄。"北宋的文学家苏轼、欧阳修，南宋诗人陆游，也都大力提倡行气养生健身。苏轼在其《上张安道养生诀论》中具体介绍了内视行气法，说明了他练习行气已有较深的体会。欧阳修在《册正黄庭经序》中更进一步指出，行气时"息虑，绝欲，炼精气，勤吐纳，专于守内"，就可以"以养其神"。陆游的《养气》诗也云："学道先养气，吾闻三住章，屏除金鼎药，糠秕玉函方。"这些都反映出养生行气在两宋社会上是较受重视的。

宋代龟咽鹤息月气功纹铜镜
（湖南省博物馆藏）

苏轼像（选自《图说北京史》）

宋代观星望月气功纹铜镜拓本（湖南省博物馆藏）

清代人体内景图（中国医史博物馆藏）

明清是我国古代养生体育的全面完善时期。各种养生方法在经过了历代养生家的实践论证后，在这一时期进一步得到丰富，并逐步走向系统化。从行气方面所提炼出来的几种方法，诸如六字诀、调气法、内视法、胎息法、禅观法、丹术等都在明清时期得到了进一步推行和整理。经过养生家们的努力，各种行气法互相取长补短，相互融合，形成了许多成熟的有良好的养生价值的高级功法，同时对某些新的、更有发展前途的养生方法的形成奠定了基础。如明万历年间高濂所著《遵生八笺》中所提出的一套极有价值的《导引却病歌诀》就是结合以前的行气术，再参考了按摩等导引术而形成的一种养生术式。它既不是单纯的静坐行气，也不只是"小劳术"的按摩，或屈伸肢体的操练，而是各种锻炼方法的综合，提高了身体锻炼的简便性与功效。

按摩术

　　以舒筋活络为主的按摩术，经过魏晋南北朝时期的推广、普及，并随着医学的发展，至唐代已达到了一定水平。隋、唐两代的太医署中，均设有按摩博士或按摩科、按摩师等，反映了官方对按摩养生的重视。唐代名医孙思邈是对这一时期按摩养生做出重要贡献的人物，他在其《备急千金要方》《千金翼方》等书中，对老年保健按摩等做了较深入的研究。他吸收了佛教修炼术动作简练柔和、强度小的特点，创编了"老子按摩法""天竺按摩法"等适合老年人的保健按摩导引术。其中"老子按摩法"共有 49 个动作，而"天竺按摩法"则有 18 势。这些按摩法，主要是肢体运动，可以说是颇有价值的健身操。"老子按摩法"发挥了中国古代传统导引方法的特点，而"天竺按摩法"则是在中国古代导引的基础上，吸取了印度的某些健身动作编制而成的。

《备急千金要方》与《千金翼方》
（选自《唐代的外来文明》）

孙思邈画像（选自《唐代的外来文明》）

清人绘《导引图》治元气虚按摩式（中国中医研究院图书馆藏）

清人绘《导引图》养元真按摩式（中国中医研究院图书馆藏）

清人绘《导引图》补气血按摩式（中国中医研究院图书馆藏）

宋代以后，传统的按摩术逐渐向精炼成套、易于施行的方向发展。宋人蒲处贯根据前人导引术改编了一套"小劳术"。这套小劳术实际上是一种以按摩为主的健身方法，因其在练功时要求运动量小，不应使人练得筋疲力尽，故称"小劳术"。这套小劳术包括简单的体操和头面部、四肢及躯干的按摩，简单易行。这一按摩术精炼成套，简便易行，肢体活动兼保健按摩法，且紧密服务于健体法疾，是古代按摩术新的发展。它对明清的按摩术势的形成有相当大的影响。

中国古代传统的按摩养生术，发展到明清已趋完善和系统化，许多养生学家对古代的一些养生功法和书籍做了研究与整理。与行气、导引术式一样，按摩术式日益成为养生活动中的重要内容。中国中医研究院所藏《导引图》，既绘有导引的健身术式，更附有部分按摩术式；藏于中国医史博

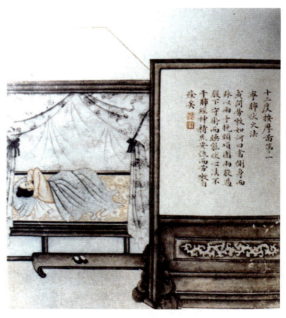

清人绘《十二度按摩导引养生秘法》宁肺伏火法第一（中国医史博物馆藏）

物馆的清人绘《十二度按摩导引养生秘法》为清朝人以按摩养生保健为载体绘制而成的。全谱共 12 幅，每幅图像都生动逼真，并配有简明易懂的文字说明。从图谱的形式看，均属徒手按摩，是当时保健养生中按摩形式的重要的形象依据。

明末清初陈氏太极拳创始人陈玉廷
（选自《中华武术图典》）

在华夏民族的传统体育形式中，保健养生体育中的按摩术式，其流行和发展充分体现了中华传统文化的民族特色。后世以及当代的许多保健养生形式都与上述传统的按摩术式、导引和行气术式有着一定的渊源关系。明末清初流行的太极拳，就是在此基础上产生的。太极拳从形式上来说，是属于武术的拳术，具有击技特点。但它吸取了导引、行气、按摩的特点，与武术的技击完美地结合在一起，充分地体现了中国古代养生体育的特色和发展方向。

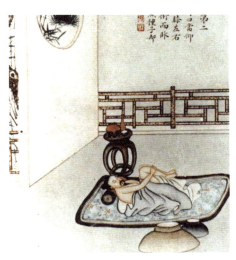

清人绘《十二度按摩导引养生秘法》
壮精神法第二（中国医史博物馆藏）

清人绘《十二度按摩导引养生秘法》
运气法第三（中国医史博物馆藏）

清人绘《龙舟盛会图》局部（故宫博物院藏）

　　古代的水上运动主要包括游泳、跳水、潜水和龙舟竞渡等形式。它源于原始人类的渔猎生产活动。随着历史的发展，由于军事上的需要，水上运动的技术水平得到了进一步提高；而与民间节日活动的紧密结合，水上运动的形式又不断丰富起来，成为一类具有民族特色的传统体育运动。

水上活动

图说中国古代体育

游　泳

在《易经》泰卦中，有这样一条卜辞："包荒，用冯河，不遐遗。""包荒"即葫芦，"冯河"指渡江。意思是说，把剜空的葫芦绑在身上渡河，不致沉入水底。这种依靠一定工具来击水渡河的方法，反映出原始时期的人类已逐渐掌握了游泳技能。中国最早的一部诗歌集《诗经》中还出现了描写游泳的诗句："就其深矣，方之舟之。就其浅矣，泳之游之。"遇到水深的地方就乘木筏或乘船摆渡过去，而在水浅的地方就潜水或浮水渡过去。可见，远在 2500 多年以前，人们的游泳技术已达到了一定的水平。随着时间的推移。人们在水中的本领越来越强，而游泳与人类社会的关系也越来越密切，并不断在战争、生产和娱乐中开始发挥重要作用。

宴乐渔猎攻战纹铜壶纹饰局部摹绘图（故宫博物院藏）

春秋战国时期，南方各诸侯国相继建立了水师，实行舟战，游泳也成为水兵训练中必不可少的内容。兵书《六稻·奇兵篇》说："奇技者，所以越深水渡江河也；强弩长兵者，所以逾水战也"，把越深水渡江河的本领称为"奇技"。《管子》一书也记载了这样一条史料：齐桓公为了对付吴越强大的水军，按照管仲的建议，在河上筑堤坝修建大规模的游泳场，水深十仞，并下令"能游者赐千金"，训练出善游泳的士卒5万人，打败了越国的水师。现藏于故宫博物院战国时期的宴乐渔猎攻战纹铜壶上面，就有表现当时人鱼共游的画面，画面上人的游泳姿势协调自然，类似现在的自由泳。

在作为军事训练项目开展的同时，游泳活动在民间同样也有了一定程度的普及。在《庄子·达生》篇中，有一个反映民间善于游泳者的故事：吕梁之水，从百丈的绝壁上飞瀑而下，河中波涛滚滚，激湍腾沫，鼋鼍鱼鳖都不能游。一次孔子站在吕梁水滨，见一人在水中翻腾，以为他要溺水而死，就令弟子随波拯救，没想到那个人忽然在百步之外浮出水面，并披发高歌，逍遥自在，邀游岸下，胜似闲庭信步。如此高超的游泳技术，说明游者已熟练地掌握了游泳的诀窍及水的特性。

秦汉以后，水上活动日益兴盛。地处我国西北部的敦煌莫高窟，有着反映各个时期社会生活的形象画面。畅游于水中的健儿，有的手臂高高地扬起，像是在同时拨水，仿佛现在的蝶泳动作；有的两手前撩后划，又有点像今天自由泳的特点，反映了当时游泳活动的盛况。

弄潮，是包括游泳在内的大型水上活动。宋代弄潮活动达到了高潮。吴自牧《武林旧事》中记录了吴儿弄潮的壮观景象：

隋代游泳图壁画（甘肃省敦煌莫高窟第 420 窟壁画）

图说中国古代体育

"浙江之潮，天下之伟观也。"在这"际天而来"，"吞天沃日"的潮水中，游泳健儿的技艺和胆量更发挥得淋漓尽致。

我国的游泳比赛始于汉魏时期，那时已经有端午节举行游泳比赛的民间习俗。每次举行这种比赛时盛况非凡，参加的人数很多。唐宋时，每年端午节在钱塘江上都要举行规模很大的游泳比赛，而且与民间的游泳活动相适应，皇家每年也举行游泳比赛。《宋史·礼志》载，淳化三年（992年）三月，正是初春时节，河水很凉，宋太宗赵炅在金明池检阅水军。他命人将银瓯掷于碧波间，让将士泅波取之。去取银瓯的当然不会是一个人，这种带有比赛性质的游泳显然是鼓励将士们练好水上技艺。

北魏游泳图壁画（甘肃省敦煌莫高窟第257窟壁画）

宋代钱塘江弄潮图
（选自《古代风俗百图》）

明清时期，民间的游泳活动仍以每年八月钱塘江"弄潮"为代表。每当涨潮之际，当地的人们便开展各种游泳活动，且花样越来越多。明人黄尊素的《浙江观潮赋》就记述了数百名弄潮健儿穿着红色单衣在狂涛巨浪中表演各种奇技的惊险场面。《西湖志》记载，弄潮活动中，游泳健儿百余人手持彩

明代游泳图壁画（西藏日喀则扎什伦布寺壁画）

清代袁江绘《观潮图》（故宫博物院藏）

旗，先游至海门迎接巨潮，然后在滚滚潮水中翻腾出没。还有人在水上表演"踏滚木""水傀儡""水百戏"等，这是游泳与杂技的综合技艺。除了江南一带的多水地区，就是北方，这时的游泳活动也有一定程度的开展。清末南海人关赓磷作《都门竹枝词》，有咏北京人春泳的一首诗，诗中写道："游泳渐成石白池，分曹竞赛树红旗。解衣终却春波冷，依旧看人作水嬉。"这大约是一次民间的游泳比赛，而对这位南国的游子来说，看到北方人游泳，身上发痒，很想比试一下，最后终因怕冷而作罢，只得眼巴巴地看别人尽情地畅游于水中。在西藏日喀则扎什伦布寺保存着一幅距今500多年前的游泳壁画，其游泳者拨水、仰泳的姿势形象逼真。看来，就是在被人们誉为"世界屋脊"的青藏高原，人们也已经掌握了相当高超的游泳技术。

中国古代的游泳活动源远流长，丰富多彩，随着历史的发展，最终成为具有民族特色的传统体育项目。

清代游泳图壁画（西藏布达拉宫壁画）

跳水和潜水

　　跳水这一水上运动形式是随着人们观察自然现象和人们的生活实践而逐渐产生的。关于跳水的起源，可以追溯到遥远的古代。跳水是伴随着游泳技能的发展而产生的，它是游泳活动的一个辅助动作。要游泳，就要下水，走入水中或跳入水中的动作可能同时产生，当人们从岸边或船上跳

清代绘画中描绘的潜入水中捕鱼的原始部族人（选自《云南猡猡图说》）

入水中时，跳水的动作就产生了。这种跳跃入水的动作是跳水运动最初的开端。随着渔猎生活的需要，古代人在不同的情况下多次重复这一动作，逐步形成了一种跳水的技能。后来，在游泳技术不断提高的同时，人们不仅创造了各种游泳姿势，而且发明了水上活动的各种形式，如拍水、踩水和投水等。投水就是我国民间流行的"扎猛子"，它也是跳水的一种姿势。

在我国的古代典籍中关于跳水的最早记载出现在《晋书·周处传》中，书中所说的"（周）处投水搏蛟……"，即指周处投水与蛟龙搏斗，他所采取的就是"投水"这一跳水动作。我国古代的许多游泳能手都有自己的投水姿势。赵鳞的《因语录》中记载了唐代一个叫曹赞的人，他不但是一个身手不凡的游泳家，而且在跳水方面也有相当高超的技艺。他能够在"百尺桩上不解衣服投身而下，正坐水面，若在茵席"。穿着一身衣服从百尺高的桅杆上跳入水中，并能够悠然自得地坐在水面上，像坐在席子上一样，说明曹赞必然掌握了跳水的技巧，包括从起跳、腾空、入水等一系列动作。曹赞的跳水技艺，也许今天的跳水健儿们看了也会惊叹不已的。

潜水技术在我国古代出现也很早，秦始皇扫平诸侯后，为了炫耀自

民国时期马骀绘制的描绘周处投水搏蛟龙的《长桥搏蛟》图

汉代泗水升鼎画像石（山东省嘉祥武氏祠石刻画像）

己的文治武功，巩固统一的封建王朝，开始了四方巡游。《史记》说他到了今天的鲁南一带，听人告之这里的泗水河还沉没着一只周代的铜鼎，于是"斋戒祷祠，欲出周鼎泗水"。他迫不及待地"使千人没水求之，弗得"。这显示了当时极高的潜水技术。这种潜水技术在后来得到了更进一步的发展。汉代沿海的合浦郡盛产珍珠，当时入海采珠就采用了游泳中的泅水技术。这类水上生产活动，为水上运动的普及创造了条件。

公元 12 世纪初的宋代，跳水技术有了进一步发展，出现了另一种跳水活动，即"水秋千"。水秋千原为水中打秋千的意思，是古人把秋千游戏引入水上游戏而创造的一种新的游戏。早在五代时，前蜀的花蕊夫人《宫词》中就有"内人稀见水秋千，争擘珠帘殿帐前"的诗句。五代时的水秋千尚在初创时期，因此连宫中也是不常见的，以致那些宫女们听说有人玩水秋千，便争着分开珠帘，翘首以望。迄至宋代，水秋千发展成为一项惊险的跳水活动。当时水秋千是这样进行的：在大船上立一个高大的秋千，表演者在将秋千荡到高空的一瞬间，突然从秋千上一个跟斗跳下来，扎入水中。秋千在这里起一种活动跳台的作用。这显然是难度极大的跳水表演，不仅需要技巧，而且需要勇气。

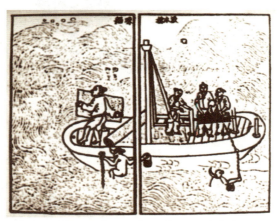

潜水采珠船（选自明宋应星《天工开物》插图）

这种水秋千是宋代"百戏"中的一戏。反映宋代都城汴京（今河南开封市）生活风俗的《东京梦华录》一书，对当时水秋千跳水竞赛做了详尽的记载和生动的描述。该书《驾幸临水殿观争标赐宴》记载："有两画船，上立秋千，船尾百戏人上竿，左右军院虞候监教鼓笛相和。又一人上蹴秋千，将平架，筋斗掷身入水，谓'水秋千'。"这里记载的是宋徽宗赵佶（1082—1135年）在水殿观看的水秋千表演。这实是一种别开生面的跳水活动。

元人《龙舟夺标图》卷局部·水秋千（故宫博物院藏）

宋代的弄潮活动中也盛行潜水技艺。吴自牧《武林旧事》中记载吴儿弄潮时，"善泅者数百，皆披发文身，手持十幅大彩旗，争先鼓勇，溯迎而上，出没于鲸波万仞之中，腾身百变，而旗尾略不沾湿"。这些潜水弄潮人的技艺和胆量确实值得钦佩。宋代的一些文人在看了这些潜水弄潮儿表演之后，也深感触目惊心。南宋词人辛弃疾在回忆这一壮观场面时，曾留下了这样的词句："吴儿不怕蛟龙怒，风波平步，看红旗惊飞，跳鱼直上，蹴踏浪花舞。"水中健儿的高超技艺跃然纸上。

梁山好汉张顺水中擒敌图（选自《忠义水浒全传图》）

明清时期，随着每年的弄潮活动的举行，在江南多湖地区，有关的跳水、潜水活动还与游泳一起进行。特别是浙江西湖一带，在"水百戏"等水上活动中，跳水、潜水还是其中的项目之一。但这类跳水和潜水始终是一种民间水上活动。直到20世纪30年代，现代跳水和潜水运动才在我国逐渐兴起。

20世纪30年代出现在上海的现代游泳兼跳水池（选自《体坛回眸卷》）

图说中国古代体育

龙舟竞渡

　　龙舟竞渡是大半个中国和东南亚等地流行的历史悠久的水上传统活动。它不仅有着丰富的社会内容，而且还有着多彩的活动形式，其规模之大、参加人数之众，在传统的水上竞技项目中是很突出的。

　　关于龙舟竞渡的起源有多种说法，实际上，龙舟竞渡活动的起源应与我国南方多水的自然环境有关。岭南的"百越"，远在原始社会就居住在水网地区，过着以渔猎为主的生活。他们断发文身，自称"龙子"，特别善于使舟。可以说，操舟捕鱼一类的活动在这种地区的居民生活中占有重要的地位，而竞渡只不过是他们水上生活的演习而已。

　　最初，"竞渡"之舟只是一般的小舟，直到西周，开始出现了舟与龙神崇拜结合的产物——龙舟。晋太康二年（281 年），在魏襄王古墓中发现的《穆天子传》一书中，有"天子乘鸟舟、龙舟，浮于大沼"的记载。当时，人们将龙的形象装饰在船上，是为了娱神、祭神和祈求神的保佑，而龙舟竞渡活动形成的契机当也是出于娱神和禳灾，亦即龙神崇拜。

春秋后期竞渡纹铜钺（浙江省鄞县出土）

　　春秋战国期间，战事频繁，尤

其是吴、越、楚三国地处江南水乡，水战是其征战的主要形式之一。当地居民也习于"以船为车，以楫为马"。这对"竞渡"的发展起了很大的推动作用。如在我国西南地区和东南亚各国发现的时代约当战国中期至东汉的石寨山式铜鼓，其多数上面都饰有"竞渡"纹。这些纹饰中，船的首尾往往装饰成鸟尾形象，船上的人皆头戴羽冠，前后排成一行，做相同的划船动作，表现的场面隆重而又热烈。反映出这时的"竞渡"活动已相当普及了。

秦汉魏晋之际，虽然"竞渡"少见于史书记载，但由军事水战及某些宫廷中的水嬉活动可见一斑。如汉武帝作昆明池以习水军，就有划船比赛项目；汉昭帝与宫人采莲划船，泛波戏水，说明船已在宫中作为水戏的工具被广泛使用。这也给我们一个启示：当时的民间"竞渡"活动还是比较兴盛的。

战国宴乐渔猎攻战纹铜壶局部·划船纹饰展开图（故宫博物院藏）

西汉竞渡纹铜鼓局部（广西贵县出土）

西汉龙舟竞渡铜鼓纹拓本（云南省晋宁石寨山出土）

每年在民间举行的划船竞渡活动，在唐以前还没有统一的日子，有的在四月，有的在八月。大约自唐以后，才统一于五月端午节举行。整个隋唐时期，水上竞渡活动一般是水乡人民自主组织起来进行的。《旧唐书·杜亚传》说："江南风俗，春中有竞渡之戏，方舟并进，以急趋疾进者为胜。"到了五代，竞渡之风愈盛，不但民间组织，官方也大力提倡。当时，各郡、县、村社每年都组织龙舟竞渡活动。一到端午日，官府即赐给竞渡组织青绸缎，并为龙舟比赛设置了锦标——在终点竖一竹竿，竿头上悬锦彩，竞渡优胜者夺到锦彩就称为夺标。这样一来，龙舟竞渡活动就成了一项争夺激烈、扣人心弦的比赛，而这种夺标赛就是以后体育比赛中"锦标"的由来。

宋元时期的竞渡活动也比较活跃，一些帝王为练水军并进行娱乐，也鼓励划船竞渡。宋咸平三年（1000 年），真宗在金明池观水戏，其中就有竞渡活动，且优胜者有奖。民间的端午竞渡也十分活跃，时人黄公绍在《端午竞渡摆歌十首》中就为我们勾画了一幅生动的龙舟比赛图："看龙舟、看龙舟，西堤未计水悠悠。一片笙歌催啼晚，忽然鼓擢起中流。"南宋画家李嵩所绘《中天戏水图》及元人王振鹏的《龙池竞渡图》，还对宋元时期都城的龙舟竞渡游戏活动做了形象的描绘。

南宋李嵩绘《中天戏水图》（台北"故宫博物院"藏）

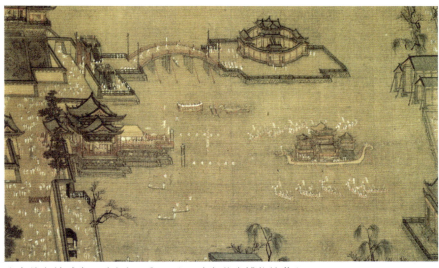

南宋佚名绘《金明池争标图》页（天津市艺术博物馆藏）

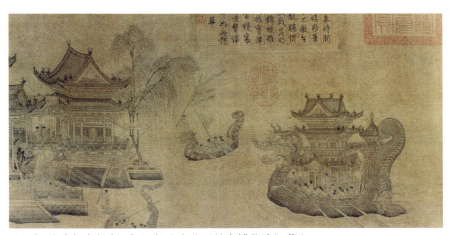

元王振鹏《龙池竞渡图》局部（台北"故宫博物院"藏）

　　明、清时期，每年的龙舟竞渡活动仍以南方水乡为盛，如当时的桂林、梧州等地每年都按例举行龙舟竞渡活动。与此同时，明清的宫廷也仿效这一习俗在西苑搞龙舟比赛。明代万历间宫中太监刘若愚在他所著的《明宫史》中曾记载有五月端午日皇帝临西苑，参加"斗龙舟、划船"活动的情形。清宫沿袭明宫旧事，仍于西苑龙舟竞渡，"中流九龙舟，谁肯相参差"的诗句，就是清高宗在观看西苑龙舟竞渡之后留下的著名咏唱。

　　龙舟竞渡，作为一种传统的娱乐竞技项目，初当为南方水网地区的一种水上活动，后随着北方都市的增多而流传于黄河流域。在我国和东南亚各国，它一直流传到近代和现代。不过，随着社会的发展，龙舟竞渡习俗也发生了变化。过去那种龙舟竞渡是为了娱神、禳灾的观念逐渐淡漠并消失，龙舟上"龙"的神灵地位早已动摇。近几年来，我国各地的龙舟竞渡活动更为兴盛。在老挝和柬埔寨等国，赛龙舟还伴随着泼水节一起举行。

清代端阳节闹龙舟年画（山东省潍坊年画研究所藏）

清徐洋绘《观竞渡》图（选自《清史图鉴》）

清雍正《十二月令》五月五竞渡（ 故宫博物院藏）

中国古代的冰雪活动，源于寒冷的北部地域。这类活动在古代的中国兴起较早，但盛于明、清时期。这个时期的北方，以速度滑冰、花样滑冰、冰床及各种雪上运动为主要形式。冰雪活动是中国古代民族传统体育中较具特色的运动项目。

清代拖冰床嬉图（选自《北京风俗图谱》）

冰雪活动

图说中国古代体育

滑　冰

　　当古代人在冰冻的河流或湖面上行走或奔跑时，由于冰面很滑，有时双脚会向前滑动。这种偶然向前滑行的动作可能使人倾斜或摔倒在地，但是它给人们一个启示：这样向前滑行不但很省力，而且速度相当快。于是产生了人类最原始的滑冰。

　　滑冰活动早在隋唐时期就已被北方的一些少数民族所掌握。唐代的女真族，是由黑水靺鞨发展起来的，他们原来居住在我国东北地区的长白山以北、松花江和黑龙江流域。当时，在他们中曾出现过一种用于驰行的"竹马"，这种"竹马"在冰上滑行速度快，也很省力。滑行的方法是人站在"竹马"上，手握一根曲棍，用力一撑就可以向前滑行十几米。这种方法与最初的滑冰方法已有很大不同，它当是在原始的滑冰基础上发展起来的一种冰上运动。

　　宋代，冰上活动更为兴盛。《宋史·礼志》中就有皇帝"幸后苑观花，作冰嬉"的记载，宫廷里的冰嬉已成为王公大臣们经常参加的运动项目。直到明代，这项活动还盛行于宫中及民间。明代的滑冰活动在北方少数民族中得到了进一步的开展。明熹宗五年（1625年）正月初二，东北建州女真族首领努尔哈赤曾经在太子河上主持过盛大的冰上运动会。在这次运动会上，先进行了冰球表演，然后又进行了速度滑冰比赛。并规定，冠军赏银二十两，亚军十两。这是我国古代第一次冰上运动会。

　　清朝入主中原后，将他们民族的传统体育活动冰嬉也带入内地，其内容丰富多彩，呈一代之盛。由于清政府将滑冰运动纳入军事训练，使清代出现了我国古代冰嬉发展的黄金时期。当时皇家每年冬天都要从各地挑选上千名"善走冰"的能手入宫训练，于冬至至"三九"在太液池上（现在北京的北海和中南海）表演。每逢这时，北海四周搭起彩棚，插彩旗，悬彩灯，皇帝和后妃、王公、大臣都来观赏。今北海漪澜堂就是当年乾隆皇帝、慈禧太后等观赏溜冰的地方。清代宫廷画家金昆、程至道、福隆安绘制的《冰嬉图》就是根据当时宫廷冰上表演的盛况而绘制的。

清代姚文瀚绘《紫光阁赐宴图》（卷）局部·花样滑冰（故宫博物院藏）

清代金昆　程至道　福隆安绘《冰嬉图》卷局部（故宫博物院藏）

清代金昆　程志道　福隆安绘《冰嬉图》卷局部（故宫博物院藏）

　　在冰嬉表演的过程中，参加的人数每次为 1600 名，代表着满清八旗。检阅时分为两队：一队领队穿红马褂，队员穿红背心；另一队领队穿黄马褂，队员穿黄背心。队员的背上分别按旗籍插着正黄、正白、镶黄、镶白等小旗，膝部裹皮护膝，脚穿装有冰刀的皮靴。冰场上矗立着三座插有彩旗的高大的门，两队队员各自列成一路纵队，分别从门中穿过。场上形成两个卷云形的大圈，场面蔚为大观。

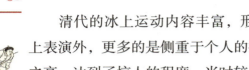

清代的冰上运动内容丰富，形式多样。除了有大型的军事集团的冰上表演外，更多的是侧重于个人的技巧表演。其花样方式之多、技巧水平之高，达到了惊人的程度。当时较为普及的滑冰项目主要有三种：一种是竞赛快慢的速度滑冰，仅速滑的姿势即有扁弯子式、大弯子式、大外刃式、跪冰式等，有许多姿势跟现代的速滑姿势近似；第二种是杂技滑冰和现在所称的花样滑冰，如杂技滑冰的爬竿、翻杠子、飞叉、耍刀、使棒、弄幡，花样滑冰的大蝎子、金鸡独立、哪吒闹海、双飞燕、千斤坠等。其中的"双

清《冰嬉图》之扁弯子式

清《冰嬉图》之大弯子式

飞燕"类似于现代双人花样滑冰的姿势；第三种是冰上踢球表演，表演过程中每队由几十人组成，按位置站好，然后将皮革制成的球抛起，球快落地时，大家飞快地滑过去争夺，得到球的队获胜，如看到自己队得不到，而对方有可能得到时就将球踢远，再去争夺。这种冰上足球最初是作为一种军训手段在军队中进行的，后来也流传到民间。20 世纪 20 年代在什刹海和护城河上还时常有老百姓在玩这种冰上足球。

清《冰嬉图》之大蝎子式

清《冰嬉图》之双飞燕式

图说中国古代体育

拖冰床

冰床，也叫凌床，又叫冰排子、冰爬犁，其形制有大有小。而古代人们以此于冬季冰上进行冰嬉活动，就叫作拖冰床。

拖冰床的最早记载，见于宋人沈括《梦溪笔谈》卷二十三《讥谑》，其中记载说："冬月做小

清丁观鹏绘《皇清供职图卷》中的赫哲人冰嬉图（故宫博物院藏）

坐床，冰上拽之，谓之凌床。予尝按察河朔，见挽床者，相属问其所用，曰：此'运使凌床'，此'提刑凌床'也。闻者莫不掩口。" 说明拖冰

清代拉冰床风俗图（选自《北京民间风俗百图》）

床至迟在宋代已出现。

明代开始，拖冰床活动更加普及，明代刘若愚《明宫史·金集》载："冬至水冻，可拉拖床，以木作平板，上加交床或薰荐，一人在前引绳，可拉二三人，行冰上如飞。"从明代到21世纪初，那些临水而居的人，每至天寒地冻，就在什刹海、护城河二闸等处做拉冰床活动。一船的冰床长约五尺，宽约三尺，以木做成，下面装铁条，以减少摩擦力。制作比较讲究的冰床很华美，上有篷，可避风雪。一般地说，这样的冰床就是作为游戏或交通工具的。至于乘坐者，有的作为冰上游戏，有的以冰床代车马，在护城河冰上，从东城到西城，很是方便。

清人绘《雍正帝十二月令行乐图》中的冰嬉图场面（故宫博物院藏）

清人绘《崇庆皇太后万寿图》局部·拖冰床（故宫博物院藏）

图说中国古代体育

　　有关冰床活动的记述，在明代，尤其是清代的笔记、文人诗歌中每每见到，清人杨静亭的竹枝词《都门杂咏》这样描绘说："十月冰床遍九城，游人曳去一毛轻。风和日暖时端坐，疑是琉璃世界行。"

　　除了北方的城镇乡村，冬季盛行拉冰床的活动外，宫廷里也流行这一活动。道光年间天津人崔旭以其家乡的冰床为内容作过这样的诗："织箔安床四角平，铁头篙子划冰声，坐来恰受人三两，绝胜中流自在行。"诗中所说的"铁头篙子"是用粗铁条做的，长近尺许，一头装有木柄，一头磨得很尖，坐在冰床上，可自己以篙点冰，用力推进。这种冰床现在人们叫它"冰爬犁"，体积不大，以乘坐一小儿者居多。如今，这种传统的拖冰床活动仍在冬季的北方盛行。尤其是东北地区的冬季，常常会见到这种拖冰床活动，冰床上坐着小孩子，三三五五，每人一床，手持铁篙，划得冰床如飞，你追我赶，非常欢乐。

清代拖冰床图（选自《北京风俗图谱》）

滑雪与赏雪

滑雪，它的产生当为古人出于维持生计。从人们最初的在一只脚上绑以短木棍，用另一只脚助滑，到双脚绑上木棍，双手拿树枝助滑，原始的滑雪活动就产生了。隋唐时期滑雪活动就已经被北方的一些少数民族所掌握。《隋书》就曾经对1400多年前居住在大兴安岭地区的室韦人所盛行的"骑木而行"活动进行了描述。这种利用装备在冰雪中滑行较原始的滑雪形式显然有很大的进步，已基本具备后来滑雪运动的主要特征。至明清时期，滑雪活动还时常见于黑龙江地区的赫哲人中。在《黑龙江志稿》中曾对赫哲人滑雪的情形做了描述：赫哲人在捕追野兽时，以踏板作为奔驰的工具。每当大雪封地的季节，他们即将长五尺的两块木板绑缚在脚上，手持两长竿如划船之状以助力滑雪而行。滑行瞬息可达十余里，以此速度可以跟踪野兽之足迹，捕而食之。这种滑雪方法，可使猎人运转自如，其速度就是飞鸟也比不过。从这里可以看出，远在300多年前的赫哲人，其制造和使用的滑雪板及滑雪的方法，同现代已很相似，且技术也已相当高超。

清代狗拉雪橇（选自《皇清职贡图》）

赏雪，是自古以来与人们生活密切相关的一种时令休闲体育活动形式。在那万木凋零、冷风袭人的冬天，雪给人们带来了无限的喜悦与欢乐。包括制雪灯、打雪仗、堆雪人、塑雪狮和踏雪等形式，成了古人赏雪活动的重要内容。

　　从宋代开始，赏雪作为市井生活的一部分，逐渐见于文献记述。宋人孟元老《东京梦华录》就说："豪贵之家，遇雪即开筵。"南宋临安人除在家中开筵邀朋党赏玩之外，又喜在西湖上"玩雪船"。舟行湖上，举目四望，远山堆银，楼台殿阁之上积满琼瑶，到处银装素裹。宋人吴自牧的《梦粱录》就说当时的临安人好乘骑出游赏雪。西湖赏雪，兴味别致，人们非常珍惜这个机会。

　　赏雪活动的关键在一个"赏"字上，历史上记载的多是文人雅士借赏玩雪景，抒发自己的情感，或踏雪构思诗章。相传唐代大诗人郑启、孟浩然、杜甫等都曾冒着风雪，骑着驴子，晃晃悠悠地徘徊在灞桥上，搜索诗肠。元代马致远《双调·拨不断》散曲"孟襄阳，兴何狂，冻骑驴灞陵桥上。"《孟浩然踏雪寻梅》杂剧就是以孟浩然灞桥驴背的典故推衍成篇的。

　　堆雪人是赏雪活动的重要内容。宋代孟元老《东京梦华录》说记载北宋汴梁人遇有下雪天，常常"塑雪狮、装雪灯，以会亲旧"。这个习俗在南京的临安也很盛行，在《梦粱录》《武林旧事》等书中都有记载。吴自牧在《梦粱录》卷六《十二月》条是这样记述的："考之此月虽无节

瑞雪丰年（选自杨柳青年画）

堆雪成佛（选自杨柳青年画）

序，而豪贵之家，如天降瑞雪，则开筵饮宴，塑雪狮，堆雪山，以会亲朋，浅斟低唱，依玉偎香。"

塑雪狮、堆雪山等活动又与赏雪、踏雪、煎茶、饮酒等结合一处。而这种赏雪活动形式在统治阶级上层更加盛行，宋室南渡后，以皇帝为首的整个官僚集团生活更加腐化，奢靡之风一发而不可收。每值冬季，赏雪、玩雪之风更较民间为盛。宋人周密《武林旧事》卷三《赏雪》条说："禁中赏雪，多御明远楼。后苑进大小雪狮子，并以金铃彩缕为饰，且作雪花、雪灯、雪山之类，及滴酥为花及诸事件，并以金盆盛进，以供赏玩。"所塑雪狮子，用金铃、彩缕作为装饰，极其豪华讲究，其规模可谓巨大，形式可谓多样化。

清代以后，这种休闲体育形式在宫中继续盛行。在清代人的诗词笔记中，时见记咏。清人吴振棫《养吉斋丛录》卷

清代塑雪罗汉（选自杨柳青年画）

十四有这样的记载："冬日得雪，每于养心殿庭中堆成狮、象，志喜兆丰，常邀宸咏。乾隆壬申、乙酉，以雪狮、雪象联句。嘉庆戊寅，又堆为卧马二，东西分列，有与内廷翰林联句诗。"

雪狮、雪象、雪马塑成之后，皇帝与宫中翰林学士以此为题吟诗作赋，雅兴不浅。如光绪年间颜缉祜撰《汴京宫词》一百首中，就有咏开封行宫中赏雪游艺的诗句："瑞雪缤纷盛上天，堆狮捴象戏阶前。"而这正是对宫中赏雪游艺活动的真实写照。

自古至今，由于赏雪与人们的生活实践有着密不可分的联系，因而赏雪作为一类休闲体育活动形式，在不断得到普及和丰富的过程中一直长盛不衰。

清代堆雪狮子（选自清代版画）

清郎世宁等绘《弘历雪景行乐图》（轴）（故宫博物院藏）

　　中国古代的棋类活动，早在商周时期就已开始出现，由其特点分析，古代传统棋类活动主要分为两大类别：一是包括围棋、象棋、塞棋在内的凭智力的棋艺，一是以六博、双陆为代表的伏机运的博戏。前者在于它锻炼思维、陶冶性情的教育性，而后者则显示的是其贪求物欲、幸胜牟利的功利性。将两者并列在一起，正是因为它们都是在"局"上、"枰"上，或依靠牌局而进行的益智赛巧型棋类活动。随着历史的发展，传统的棋类文化既娱乐着世世代代的民众，开启着人们的智慧，同时又满足了人类的竞争心理。这些内容丰富、形式多样的棋类活动，是广博的中国古代传统棋类文化的重要组成部分。

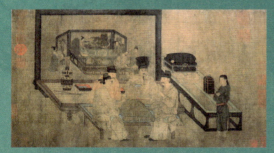

五代周文矩《重屏会棋图》（故宫博物院藏）

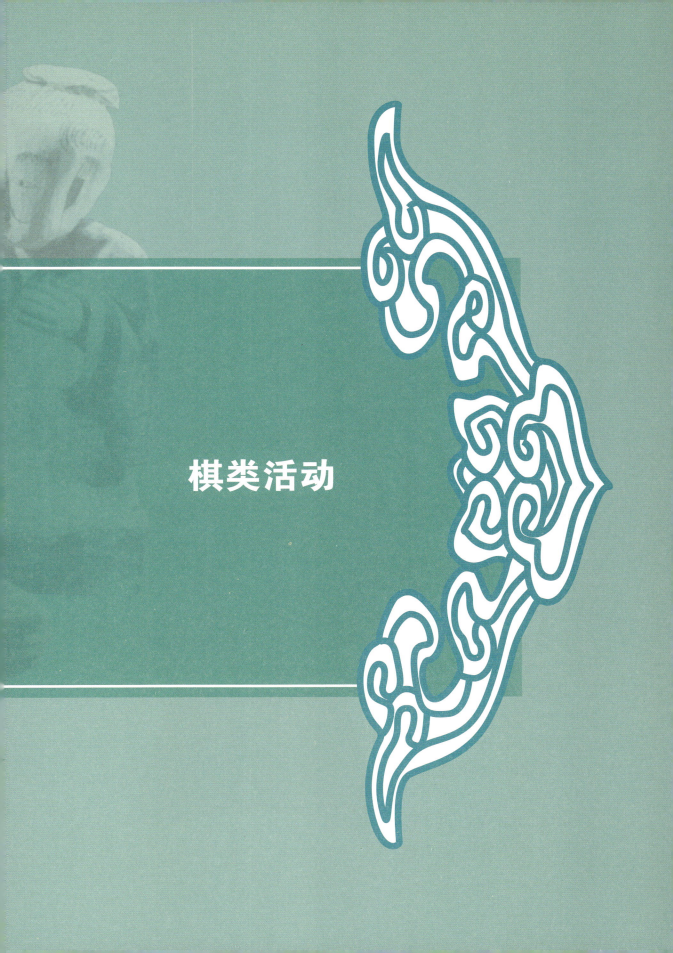

棋类活动

围　棋

被人们形象地比喻为黑白世界的围棋，是我国古代人民所喜爱的娱乐活动，同时也是人类历史上最悠久的一种棋艺。

围棋，在我国古代称为弈，在整个古代棋类中可以说是棋之鼻祖，相传已有4000多年的历史。据《世本》所言，围棋为尧所造。晋张华在《博物志》中亦说："舜以子商均愚，故作围棋以教之。"尧、舜是传说人物，造围棋之说不可信，但它反映了围棋起源之早。春秋战国时期，围棋已在社会上广泛流传了。

秦灭六国一统天下，有关围棋的活动鲜有记载。《西京杂记》卷二曾有西汉初年"杜陵杜夫子善弈棋，为天下第一人"的记述，但这类记载亦是寥如星辰，表明当时围棋的发展仍比较缓慢。到东汉初年，社会上还是"博行于世而弈独绝"的状况。直至东汉中晚期，围棋活动才又渐渐盛行。1952年，考古工作者于河北望都一号东汉墓中发现了一件石质围棋盘，此棋局呈正方形，盘下有四足，局面纵横各17道，为汉魏时期围棋盘的形制提供了实物资料。

我国围棋之制在历史上曾发生过两次重要变化，主要是

东汉石围棋盘（河北省望都出土）

在于局道的增多。魏晋前后，是第一次发生重要变化的时期。魏邯郸淳的《艺经》上说，魏晋及其以前的"棋局纵横十七道，合二百八十九道，白、黑棋子各一百五十枚"。这与前面所介绍的河北望都发现的东汉围棋局的局制完全相同。但是，在甘肃敦煌莫高窟石室发现的南北朝时期的《棋经》却载明当时的围棋棋局是"三百六十一道，仿周天之度数。"表明这时已流行19道的围棋了。这与现在的棋局形制完全相同，反映出当时的围棋已初步具备现行围棋定制。但从总体上分析，这时的围棋是17道、19道局制同时流行，还没有完全定型。

清人绘《汉宫春晓图》中反映汉代宫中女子下围棋的场面（故宫博物院藏）

由于南北朝时期玄学的兴起，导致文人学士以尚清谈为荣，因而弈风亦更盛，下围棋被称为"手谈"。上层统治者也无不雅好弈棋，他们以棋设官，建立"棋品"制度，对有一定水平的"棋士"，授予与棋艺相当的"品格"（等级）。

西晋石围棋子（山东省邹城市出土）

隋代瓷质围棋盘（河南省安阳隋代张盛墓出土）　唐代陶棋盘与蚌棋子（西北大学博物馆藏）

当时的棋艺分为九品，《南史·柳恽传》载"梁武帝好弈，使恽品定棋谱，登格者三百七十八人"，可见棋弈活动之普遍。现在日本围棋分为"九段"即源于此。上述这些变化，极大地促进了围棋技术的提高，为后来围棋在中国的进一步发展和向国外的传播奠定了基础。

　　隋唐迄宋元时期，可以视为围棋之制在历史上发生的第二次重大变化时期。由于帝王们的喜爱以及其他种种原因，围棋得到长足的发展，对弈之风遍及全国。弈棋与弹琴、写诗、绘画被人们引为风雅之事，成为男女老少皆宜的娱乐项目。在新疆吐鲁番阿斯塔那第187号唐墓中出土的《仕

唐代《仕女弈棋图》绢画（新疆吐鲁番出土）

唐代石质围棋子（中国体育博物馆藏）

女弈棋图》绢画就是当时贵族妇女对弈围棋情形的形象描绘。

　　当时的棋局已以19道作为主要形制，围棋子已由过去的方形改为圆形。1959年河南安阳隋代张盛墓出土的瓷质围棋盘，唐代赠送日本孝武天皇、现藏日本奈良正仓院的紫檀木画围棋盘皆为纵横各19道。中国体育博物馆藏唐代石质黑白圆形围棋子等，都反映了这一时期围棋的变化和发展。

　　唐代"棋待诏"制度的实行，是中国围棋发展史上的一个新标志。所谓棋待诏，就是唐翰林院中专门陪同皇帝下棋的专业棋手。唐代著名的棋待诏，有唐玄宗时的王积薪、唐德宗时的王叔文、唐宣宗时的顾师言及唐僖宗时的滑能等。由于棋待诏制度的实行，扩大了围棋的影响，也提高了棋手的社会地位。这种制度从唐初至南宋延续了500余年，对中国围棋的发展起了很大的推动作用。

　　从唐代开始，昌盛的围棋随着中外文化的交流，逐渐越出国门。首先是日本，遣唐使团将围棋带回，围棋很快在日本流传。除了日本，朝鲜半岛上的百济、高丽、新罗也同中国有往来，特别是新罗多次向唐派遣使者，而围棋的交流更是常见之事。

唐代紫檀木画围棋局（日本奈良正仓院藏）

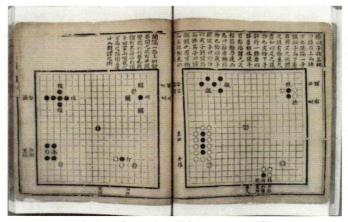

北宋张凝《棋经十三篇》（中国书店藏）

宋元以迄明清，棋艺水平迅速提高，再加上流派纷起，竞赛频繁，使得围棋更进一步得到了普及。随着围棋活动的兴盛，一些民间棋艺家编撰的围棋谱也大量涌现，如《适情录》《棋经十三篇》《三才图会》棋谱、《仙机武库》及《弈史》《弈问》等20余种明版本围棋谱，都是现存的颇有价值的著述，从中可以窥见当时围棋技艺及理论高度发展的情况。

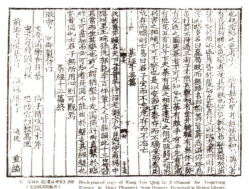

五．王诗本《忘忧清乐集》书影（北京图书馆藏书） Block-printed copy of Wang You Qing Le Ji (Manual for Forgetting Worries in Quiet Pleasure). Song Dynasty. Preserved in Beijing Library.

清雕漆炕式围棋枰（北京雕漆厂藏）

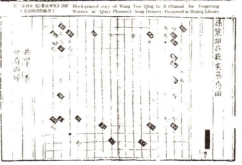

宋刻本《忘忧清乐》书影（国家图书馆藏）

清《慈禧对弈图》（故宫博物院藏）

图说中国古代体育

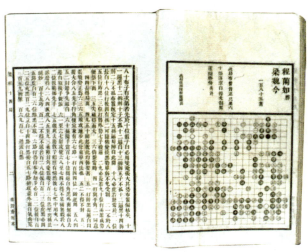

清代《弈潜斋集谱》（中国书店藏）

满族统治者对汉族文化的吸收与提倡也使围棋活动在清代得到了高度发展，名手辈出，棋苑空前繁盛。清康熙末年到嘉庆初年，棋坛涌现出了一大批名家。其中梁魏今、程兰如、范西屏、施襄夏四人被称为"四大家"。四人中，梁魏今之棋风奇巧多变，使其后的施襄夏和范西屏受益良多。施、范二人皆浙江海宁人，并同于少年成名，人称"海昌二妙"。据说在施襄夏30岁、范西屏31岁时，二人对弈于当湖，经过10局交战，胜负难分。"当湖十局"下得惊心动魄，成为流传千古的精妙之作。施襄夏著有《弈理指归》，范西屏作有《桃花泉弈谱》《弈潜斋集谱》。这几部著述至今仍是围棋理论的重要著作。

范、施之后，棋坛上又出现了"十八国手"，然棋艺水平皆不如范、施。清朝末年，虽然民间围棋活动仍在流行，但由于政治腐败，经济落后，中国逐渐沦为半殖民地半封建社会，围棋活动亦一蹶不振。直至中华人民共和国成立后，流行了4000余年的中国围棋才又开始复兴。

下围棋图（选自《清史图典》）

象　棋

　　象棋，古称"象戏"，是一项具有悠久历史的棋类游艺活动。它的起源至今无从确考，自古以来众说纷纭，莫衷一是。但从象棋的局制和规则来考察的话，中国象棋的起源应与兵家有着密切的关系。春秋战国时期，战争连年不断，人们仿照军队的编制、布阵遣将的方法等创制了一种新的棋游戏，这当是象棋的最初形式。我们看象棋中的将（帅）、车、马、士、卒（兵）这几个子，显然是先秦时代的遗制。战国以前，中原作战主要以战车为主，而且整个春秋战国时期的军队中有甲士、徒卒（或徒兵）的编制，而象棋中的某些子正是形象地仿此而作。

　　与围棋相比较，象棋是一种俗雅共赏且普及更广的棋类活动。它从创始以来虽为广大群众所喜好，但古代帝王及文人学士对此多轻视而认

明代青花象棋盘（选自《收藏界》2005 年第 2 期）

为"不足道"，因此古代典籍中关于象棋的记述甚少。在魏晋南北朝时期，民间曾流行一种"象戏"的棋类活动。其流行和推广，为象棋的最终定型奠定了基础。

隋唐时期，隋文帝不赞成象戏，但唐代开国后，太宗李世民却加以提倡，并出现了新的突破。在唐代宗宝

唐代铜质象棋子（中国体育博物馆藏）

应元年出现的象戏——"宝应象棋"里，实际上已有王、军师、马、象、车、兵六种棋子，与现在流行的象棋已经非常相似了。

经过一系列的变化调整，在"宝应象棋"的基础上，至北宋时出现了与今日体制、规则相同的象棋。根据宋人尹洙撰《象棋》及其他有关文献的记述推断，北宋流行的象棋主要有纵9路、横9路，包括有将、士、象、马、车、炮、卒等32枚棋子的形式，棋盘尚无河界。这种象棋至南宋时，增加了河界。此后，这种形式的象棋在民间广为流传，并一直沿用下来。

宋代铜质象棋子（中国体育博物馆藏）

宋代中后期的象棋，已完全发展成为现代象棋的棋制。如明王圻、王思义所编著的《三才图会》中载录的宋代象棋的"二龙出海势"图局，已和现在的象棋完全一样了。1997年7月，考古工作者在河南省洛阳市北宋墓中，发现了当时瓷质圆形象棋子32枚。这是一副完整的象棋，其中，黑白象棋子各16枚，正面字上涂金。棋子的兵种有将、仕、车、象、马、砲（炮）、卒。这副象棋的形制和现代象棋子已完全无异。这是象棋在宋代民间广泛开展的又一物证。

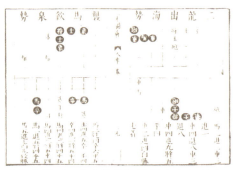

宋代象棋"二龙出海势"棋局（选自明《三才图会》）

继南宋之后，象棋在明代又有了大的发展。尤其是明代中期以后，由于经济文化的发展，象棋也进入了一个新的阶段。此时名棋手辈出，象棋的棋艺著作也得到了繁荣发

宋代瓷质象棋子（河南省洛阳出土）

展，出现了许多棋谱。现存的明代残排局象棋谱有《梦人神机》《金鹏变法象棋谱》《适情雅趣》等5种。其中《适情雅趣》中除了收入《金鹏十八变》的全局着数以外，还保存有精妙残局杀势551局，是我国象棋谱中收入残排局棋谱局数最多、规模最大、内容最丰富的一部巨著，反映了明人对象棋深入探索的成果。

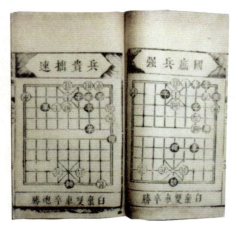

明金陵徐芝《适情雅趣》（中国书店藏）

清代的象棋进一步平民化，普及面广。同时，在象棋界，名手众多，棋派林立。仅乾隆中叶，就出现了毗陵、吴中、武林、洪都、江夏、彝陵、顺天、大同、中州九大棋派，前六派首领合称"江东八俊"，后三派首领合称"河北三杰"。而被时人誉为"棋中圣手"的毗陵派周廷梅，更是技压群雄，传说他经过四川奉节，观看诸葛亮"八阵图"遗址时，悟出了棋理，从此无敌于天下。

清代的象棋谱，就其数量而言虽稍逊于明代，但也多是精湛之作。其中康熙国手王再越，在明代棋谱《桔中秘》成就的基础上，撰就了《梅

清代下象棋图（选自《北京民间风俗百图》）

清末象棋具（选自《收藏》2004年1期）

花谱》，使象棋开局从斗炮的习惯模式中脱颖而出，进入了当头炮对屏风马的新领域。再如流传下来的《韬略元机》《百局象棋谱》《竹香斋象棋谱》《心武残编》，被称为"清代四大著名残排局谱"，《吴兆龙象棋谱》和《石杨遗局》是清代具有代表性的对局集。这些象棋谱对于近代和当代象棋的发展及棋艺水平的提高起到了不可磨灭的重要作用。

气象万千（下象棋）（选自《吴友如画宝》）

图说中国古代体育

蒙古象棋

蒙古象棋，是古代广泛流行于蒙古族各部落的一种与中原象棋不尽相同的棋类形式。

蒙古象棋最早出现在我国唐宋之际，12世纪末，铁木真被推为成吉思汗，并建立了蒙古国后，蒙古象棋就世代相传下来。

据清初叶名沣的《桥西杂记》记载，蒙古象棋的形制与现代国际象棋大同小异。清康熙二十七年（1688年），江苏常熟人徐兰到过内蒙古，在他所撰的《出塞诗》一卷中，有一首《塞上集唐六歌·蒙古棋》诗，而其中的小序就有关于蒙古象棋的记述，而且其记述的蒙古象棋的形制与叶名沣的《桥西杂记》相同。其中这样描述道："局纵横九线，六十四罫，棋各十六枚。八卒、二车、二马、二象、一炮、一将，别以朱墨。将居中之右，炮居中之左，上于将一罫，车、马、象左右列，卒横于前，此差同乎中国者也。其棋，形而不字：将刻塔，崇象教也；象刻骆驼或熊，迤北无象也；多卒，人众以为强也；无士，不尚儒生也。棋不列于线而列于罫，置器于安也；马横于六罫，驼横行九罫，以驼疾于马也；满局可行，无河为界，

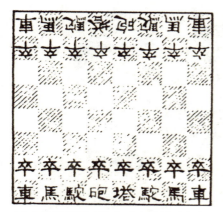

蒙古象棋棋局（选自《忘忧清乐》）

所为随水草以为畜牧也；卒直行一罫至底，斜角食敌之在前者，去而复返，用同于车，嘉有功也。众棋还击一举，无路可走，始为败北。"

根据上文的描述。蒙古象棋的棋盘由 64 方格组成，棋子分红黑两色，每方各 16 子，也是 6 个兵种，每一个兵种的棋子数量也与国际象棋相同。只是"后"改成了"炮"，"象"改成了"驼"。另外，原始位置的棋子摆法与国际象棋有点不同，即双方的将和炮的原始位置不是将对将，炮对炮，而是将对炮，炮对将。

根据徐兰的记述，蒙古象棋的走法大体是这样的：

棋子列于罫而不置于交叉点上，行棋也必须从某罫入某罫。

马横行六罫。

驼斜行八罫。

车走直线，往来自由。

各子可在满盘任意行。

各子可互杀，以追杀敌将（即塔棋）逼其无路可行为胜。

清代蒙古象棋（北京故宫博物院藏）

蒙古象棋的棋子为立体象形的，车、马各如其形，相当于象的驼刻成骆驼的样子，相当于后的刻成狮、虎的样子，兵卒除刻成摔跤、奏乐、读写或坐立骑等侍从外，也有刻成小狮、小虎的，但王则刻成头戴有翎的满式官帽的蒙古族王公，作骑马、乘轿或坐堂等姿态。

明清之际，蒙古象棋在蒙古民族中仍广为流行。直到现在，在北方的蒙古等少数民族中，蒙古象棋仍是人们日常进行棋艺活动的主要竞技形式。

蒙古象棋竞赛（选自《中国少数民族传统体育》）

蒙古象棋竞赛（选自《中国少数民族传统体育》）

塞 棋

　　塞棋又叫"格五"、"蹙戎"，是春秋战国时期兴起的一种棋类技艺。

　　塞棋最早见于《庄子·骈拇》的记载，文中说："问谷奚事，则博塞以游。"这里的"塞"即"塞棋"。到了汉代，又称为"格五"，据史籍记载，当时许多大臣都有格五之好。《汉书》卷六十四《吾丘寿王传》说吾丘寿王"年少，以善格五召待诏"。东汉的梁冀也是以好弈棋著称于史，《后汉书·梁冀传》说他"能挽满、弹琴、格五、六博、蹴鞠、意钱之戏"。

　　在古代文献中，常以"博""簺（塞）"并称，然而，簺（塞）与博有着根本的区别。凡是博戏，无一不用骰子（或箸、琼等），而塞戏则不投琼，只行棋，因此，塞是典型的棋游戏。清人郭庆藩疏《庄子·骈拇》云："行五道而投琼曰博，不投琼曰塞。"说得再清楚不过了。

　　关于塞棋的行棋方法，东汉边孝先所写的《塞赋》有着较为详细的描述，其中赋云："本其规模，制作有式，四道交正，时之则也。"运棋时"行必正直，合道中也，趋隔方折，礼之容也。"又说："局平以正，坤德顺也。"说因棋局仿四时而绘为方形，局道垂直相交，因此行棋时才能正直。边赋又提到棋子，说："棋有十二，律吕极也；人操厥半，六爻列也；赤、白色者，分阴阳也；乍亡乍存，象日月也。"他以音乐上的十二律解释塞棋为什么设置十二个棋子，十二

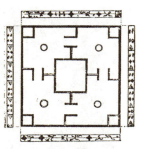

西汉木质塞戏局线图
（湖北省云梦大坟头出土）

个棋子每人六枚，就像八卦中重画的六爻一样。又以阴阳的宇宙观解释何以分十二棋为红、白两种颜色。行棋时忽兴忽亡，犹如太阳昼出夜入，月亮夜明昼暗一样。

关于塞棋的棋局，在西汉墓葬中曾出土过两种稍为不同的形制。第一种，见于湖北云梦西汉墓中，棋局长 38 厘米，宽 36 厘米，厚两厘米。正面白地规矩纹，与六博棋完全一样，唯一不同的是没有博箸。棋盘四周绘有红漆一道，背为素面，四个侧面用红漆绘有几何纹或植物纹图案。这可能是较早时期的一种塞戏。

东汉彩绘塞戏木俑
（甘肃省武威出土）

第二种，见于甘肃武威县磨嘴子汉墓，有对博彩绘木俑两件和棋盘一件。其中棋盘为黑色彩底，棋局绘白色"规矩形"图案，与六博棋局图案略有不同。盘左一俑，由白、黑两色漆绘，穿着长袍，梳圆髻，右臂向前下方伸出，拇指和食指握长方形的木棋子，正在举手行棋。盘右一俑与左俑形态大致相仿，右手放在膝上，左手举在胸前，正在凝视对方落棋。

塞棋的棋子在汉代出土的棋局中见有龙、虎两种形制。

塞戏到了唐代似有所分化，有一种每人执五枚棋子的棋戏，唐人叫它"蹙戎"，实际上就是汉人所称的"格五"，但略有变化。唐人段成式《酉阳杂俎》续集卷四《贬误》这样认为："小戏中于弈局一枰，各布五子角迟速，名'蹙融'。予因读《座右方》，谓之蹙戎'。"宋人张表臣《珊瑚钩诗话》卷二也说："弈棋取一道，人行五子，谓之'蹙融'。融者，戎也。……庾元规曰：'蹙戎者，今之蹙融也。汉谓之格五。取五子相格之义以名之耳。'"由此我们知道，塞戏到了唐代又叫"蹙戎"，别写作"蹙融"。蹙戎的棋子数已由十二枚减为五枚，盘则以弈棋局（即围棋）为之，玩时仅取其中一道，双方列子棋上。不过这时的行棋方式已有着一些时代特点，且更为普及了。

到了明清之时，民间仍流行着蹙融，明人谢肇淛《五杂俎》和清人翟灏《通俗编》均有记载。《通俗编》卷三十一这样描述当时塞戏的行棋方法："……今儿童以黑白棋各五，共行中道，一移一步，遇敌则跳越，以先抵敌境为胜。即此。"由这一对塞戏的描述来看，明清变易之后的塞戏与后来流行的跳棋游戏极为相似，应是古代很有特点的一种棋类游艺。

图说中国古代体育

六博棋

　　六博，又作陆博，是一种掷采行棋角胜的古老博戏。六博的出现，比中国象棋要早得多，大约在春秋时期就已经存在了，到了战国时期已相当流行。楚辞《招魂》中有"菎蔽象棊，有六博些。分曹并进，遒相迫些"的记载，反映出战国前后在荆楚一带已流行着六博棋。《史记·苏秦列传》在描写齐国都城临淄繁荣的景况时，也提到当地许多人在做"斗鸡走狗，六博蹋鞠"的活动，这些记述表明六博游戏在当时已相当普及了。

　　秦、汉是我国多种游戏产生和发展的时期，六博在这一时期也得到了更加广泛的传播。上至贵族官僚，下至黎民百姓无不乐于此道，成为宫廷和民间喜闻乐见的棋戏之一。当时六博活动的盛况，在考古资料中有着较多的反映。20世纪70年代中期，湖北云梦睡虎地11号墓中发现

战国石雕六博棋盘（河北省中山王墓出土）

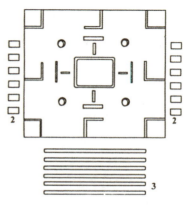

秦代六博棋具线图（湖北省云梦出土）

了六博棋局。其博局接近方形，长32厘米、宽29厘米、高2厘米，局面阴刻道纹、方框和4个圆点。同出漆黑的棋子12颗，6颗为长方形，另6颗为方形，并有用半边细竹管填以金属粉制成的长约23.5厘米的箸6根。这副博局，可以使

汉代仙人六博画像砖（四川省新津出土）

我们对春秋战国以来的六博棋有更为完整的认识。在汉代的画像石、画像砖及铜镜纹饰中，也有许多反映当时六博的图案。如四川出土的《仙人六博》画像砖，图中两仙人肩披羽饰，相对博弈；背景上有仙草、凤鸟为陪衬。这类"仙人六博"，是汉画中的常见题材，它与曹植《仙人篇》"仙人揽六箸，对博太山隅"以及南朝陈张正见《神仙篇》中的"已见玉女笑投壶，复睹仙童欣六博"等文字正相吻合，人们把玩六博看成是神仙过的日子，可见六博这一棋类活动在当时的影响之深。

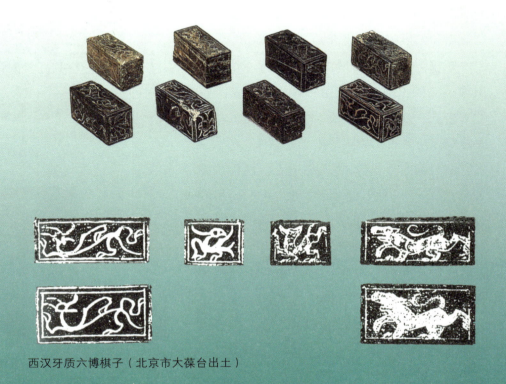

西汉牙质六博棋子（北京市大葆台出土）

图
说
中
国
古
代
体
育

由以上资料可以看出，一套完整的六博棋应包括棋局、棋子、箸，另外还有博筹，用于记录对博者的输赢情况。六博的行棋方法主要包括大博和小博两种。西汉及其以前的博法为大博，此法以杀"枭"为胜，即对博的双方各在己方棋盘的曲道上排列好六枚棋子，其中一枚代表"枭"，五枚称作"散"，以"枭"为大，用"箸"六个。对博时，双方先轮流掷箸，再根据掷得的"箸"的数量的多少行棋，数越大，走的棋步越多。六博行棋时，双方要互相逼迫，"枭"一得便可吃掉对方的"散"。同时，"枭"在己方"散"的配合下，调兵遣将，争取时机杀掉对方的"枭"。对博的胜负以杀"枭"来决定，即《韩非子》中所言"博者贵枭，胜者必杀枭"。这一点和象棋中以杀将夺帅为胜相类似。

东汉时期，对六博的形制进行了革新，出现了二茕（与箸的作用一样）的小博。这种博法是一方执白棋6枚，一方执黑棋6枚，此外双方还各有一枚圆形棋子，称作"鱼"，将它们分别布于棋盘12曲格道上，两头当中名为"水"，"鱼"便置于"水"中。行棋的多少是根据掷茕的数字而决定，哪一枚棋子先进到规定的位置，即可竖起，称为"骄棋"。随后这枚"骄棋"便可入于"水"中，吃掉对方的"鱼"，称为"牵鱼"。每牵一次鱼，可获博筹二根，如能首先牵到三次鱼，得六根博筹，即算获胜。有关这类博的形象资料，

汉代六博画像石（江苏省睢宁出土）

东汉博局纹铜镜（故宫博物院藏）

西汉黑漆朱绘六博具（湖南省长沙马王堆出土）

见于河南灵宝东汉墓出土的一套绿釉博棋俑。在一张坐榻上置长方形棋盘，棋盘的半边摆有6根长条形算筹，另半边置方形博局。博局上每边有6枚方形棋子，中间有两枚圆形的"鱼"。坐榻两旁跪坐二俑对局，左边一人双手向上前举，似乎在拍手叫好，右边一人两手摊开，形象逼真。

东汉绿釉六博棋俑〔河南省灵宝出土〕

汉代六博茕（陶骰子）拓本（山东省博物馆藏）

六博最初是一种带有比赛性质的技艺活动，后来逐渐发展成一种赌博手段。在中国，随着六博赌博化趋势的加强，在博法上原先六筹得胜的计算容量，已远远满足不了博徒心理的需要。人们的注意力及胜负判断已主要集中在掷箸（即掷采）这一步骤上，侥幸心理与求财动机如影随形，"博""赌"渐渐沾合结为一体。这样一来，失去了大众的六博在汉代以后逐渐呈衰势，进入晋代后便逐渐销声匿迹了。在国外，随着汉代"丝绸之路"的开辟，六博也传了出去。东晋、十六国时已传至印度。不过，在隋唐以后，传至国外的六博也逐渐消失了。

汉代六博图（选自《古代风俗百图》）

魏晋时期六博图壁画砖（甘肃省嘉峪关7号墓出土）

双陆棋

在我国古代的博戏中，除了六博以外，还有一种叫"双陆"的盘上技艺曾经风行一时。这种博戏在古代又叫"握槊""长行""波罗塞戏"等。关于双陆在中国的出现，有着

明清时期的双陆局和双陆棋子（故宫博物院藏）

多种说法。《事物纪原》一书说，三国时曹魏"陈思王曹子建制双陆，置骰子二"；而《山樵暇语》则认为"双陆出天竺（今印度）……其流入中国则自曹植始之也"。上述两种说法虽在双陆的起源方面相异，但均

宋人洪遵著《谱双》中著录的大食双陆图

以汉魏之际作为在中国出现的始发点，表明双陆这一棋戏于三国时已在中国流行了。宋人洪遵著有《谱双》一书，其中将双陆分为北双陆、南双陆、大食双陆、真腊双陆等多种制式，其棋盘刻线均不相同。从这一点来分析，双陆当是舶来之品。传入日久，才化入民族文化之中，成为中华传统棋戏。

唐代双陆图（选自《古代风俗百图》）

双陆传入中国后，流行于曹魏，盛于南北朝、隋、唐以迄宋、元时期。但隋以前的史籍中，谈及双陆者鲜见，到了唐朝，记载才多起来。《旧唐书·后妃传》记载，武三思进入宫中，被升为御床，有一次和韦后打双陆，唐中宗就在一旁为他们点筹进行娱乐。唐代张读的《宣室志》里还记述了这样一个故事：有个秀才一天在洛阳城内的一处空宅中借宿，睡梦中看见堂中走出道士、和尚各15人，排作6行；另有两个怪物出现，各有21个洞眼，其中四眼闪动着红光。道士和和尚在怪物的指挥下或奔或走，分布四方，聚散无常。每当一人单行时，常被对方的人众击倒而离开。第二天，秀才在堂上寻找，结果从壁角中发现双陆子30枚、骰子一对，才明白了原委。从这则故事中，我们看出流行于唐时双陆的大略形制。

唐代镶嵌螺钿双陆局（新疆吐鲁番出土）

在日本，现存有一部叫作《双陆锦囊钞》的书，书中简要地述说了双陆的玩法。日本的双陆是在唐朝时传入的，因此，其格式和行棋方法完全照搬唐式。根据书中所述，一套双陆主要包括棋盘1个，黑白棋子各15枚，骰子2枚。其中棋盘上面刻有对等的 12 竖线；骰子呈六面体，分别刻有从一到六的数值。玩时，首先掷出二骰，骰子顶面所显示的值是几，便行进几步。先将全部己方 15 枚棋子走进最后的 6 条刻线以内者，即获全胜。由于这种棋戏进退幅度大，胜负转换易，因而带有极强的趣味性和偶然性。

唐代木画双陆棋盘（日本奈良国立博物馆藏）

宋代，双陆活动在各地更为普及。当时，北方的酒楼茶馆里，往往设有双陆盘，供人们边品茶边玩双陆。这时的城市中还出现了双陆的赌博组织，一般在双陆赌博时均设有筹，以筹之多少赌得钱财，外人入赌，还有优惠条件，如预先受饶 3 ~ 4 筹（胜一局双陆至多得 2 筹）等，可以想见赌博组织中高手的实力。这时的双陆形制与打法和唐代差别不大，宋末元初人陈元靓在《事林广记》一书中曾收录了当时流行的"打双陆图"，对双陆的格式、布局有着形象的描绘。

元代打双陆图（选自《事林广记》）

1974 年，辽宁法库县叶茂台 7 号辽墓中出土了一副双陆棋具。其棋盘长 52.8 厘米，宽 25.4 厘米，左右两个长边各以骨片嵌

辽代髹漆木质双陆棋具（辽宁省法库县出土）

制了 12 个圆形的"路"标和一个新月形的"门"标。棋子为尖顶平底，中有束腰，高 4.6 厘米、底径 2.5 厘米，共 30 枚，一半为白子，一半为黑子，其中两枚骰子出土时已朽。这副双陆棋具与《事林广记》中的"打双陆图"形制相一致，反映出当时北方的契丹人中也盛行双陆。

双陆在元代属于一种"才子型"的游戏，为文人及风流才子所喜爱，像诗人柳贯、曲家周德清、戏剧家关汉卿等均有咏颂双陆的佳作传世。明、清时期，双陆仍在上层贵族及仕女中间流传，不过已略呈衰势。在《金瓶梅》《镜花缘》《风筝误》等小说、剧本中尚有提及。大概是由于象棋的盛行，双陆这一在中国古代流行了二千余年的博戏便逐渐地不那么时兴了，以致最终失传。

清代任熊绘《双陆图》（故宫博物院藏）

其他棋戏

　　棋在我国古代体育游戏中是一个不小的家族，除了前述几个大的棋类，在历史上人们还发明了其他的棋类游戏，其中包括起于汉、盛于魏晋隋唐、消于明清的弹棋，北宋著名史学家、政治家司马光创制的七国象棋，盛行于清代的三友棋及宋元时期出现的打马棋等。这些棋类活动不仅丰富了中国传统棋戏的大家族，而且对周围民族和相邻国家都产生了一定的影响。

　　弹棋是西汉末年开始流行的一种棋戏。晋人葛洪的《西京杂记》卷二说："（汉）成帝好蹴鞠，群臣以蹴鞠为劳体，非至尊所宜。……作弹棋以献，帝大悦，赐青羔裘、紫丝履，服以朝觐。"也就是说，弹棋系士大夫阶层因以解决"劳体"问题而取代蹴鞠所创制的。

　　弹棋所用棋局，根据魏文帝《弹棋赋》的描绘，采用华美的紫玉料精工做成。正方形，局中心高隆，四周平如砥砺，光彩照人。而棋子一般用"玄木北干，素树西枝"等木质精制而成。其玩法，按照晋人徐广《弹棋经》的记载，是"二人对局，黑白各六枚，先列棋相当，下呼上击之"。也就是说以自己的棋子击弹对方的棋子。

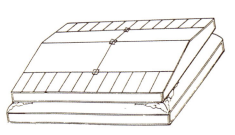

传入日本的古代弹棋盘线图
（选自《日本游戏史》）

由汉至唐，弹棋一直长盛不衰。至宋代，也许是由于围棋、象棋的特别兴盛，流行了几百年时间的弹棋突然销声匿迹了。

清代版画明眸皓腕（打台球）（选自《吴友如画宝》）

从 16、17 世纪以来，有一种被称为台球的盘上活动风靡欧洲许多国家并渐次传入我国。有人从台球与弹棋皆是在一个盘上，击一球（或子），令其滚动（或滑行），去撞击另一球（或子）的玩法，提出二者具有渊源关系。至于弹棋局中间高四面低，台球则一马平川，弹棋以手弹子，而台球则以杖击球的不同点，大约正是体现了由弹棋到台球的不断演变、发展的轨迹。

七国象戏又叫"古象棋"，它最早是由北宋著名的史学家司马光根据当时民间流行的两人对局的象戏进行改革设计而成的。其格局是模拟齐、楚、燕、韩、赵、魏、秦七国争雄的整个战国形势设计而成的。七国象戏采用有纵横十九路，三百六十一个交叉点的围棋枰为局，将它分成东、西、南、北、中五个方位。周居中心，表示周天子所在之地，置一枚棋子。该子不动，既不出击七国，七国也不许相犯。七国之子共一百二十枚，除周用一枚之外，七国各十七枚。棋子上写国名，可直行、斜行，不限远近，遇到周子时，一律绕道而行，或跳跃而过，均算作一步。最后，坐上获子最多者胜，负者罚饮酒，饮完酒后即检棋出局。有擒得二将或获诸吏

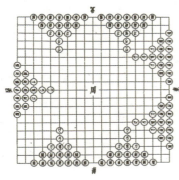

宋代司马光创制的七国象棋
（选自《忘忧清乐》）

清代的三友棋
（选自《忘忧清乐》）

士满三十者，称霸，于是诸国均得服从，并饮罚酒。

由于七国象戏布局比较杂乱，导致行棋时不易把握，使其在此后并没有流行开来。

三友棋属于变体的象棋，是三个人共玩的一种象棋戏。最早见于清代康熙年间安徽歙县人郑晋德编著的《三友棋谱》中。这种"三友棋"，是在宋代"三国象戏"的基础上发展起来的。它以梅、竹、松（或魏、蜀、吴）为代表，局制与战法与象棋大体相同。三友棋在行棋中，每一方都有左右两国与之相邻，左右有强弱之别，需要审时度势，决定团结与打击的对象。假如左邻强而右邻弱，需要联右以击左，目的在于以右济我。左将败，则乘势反戈击右。由于行棋的三个人都这样打着算盘，钩心斗角，致使棋势变化莫测。三友棋是一种颇具精彩、构思合理的棋类活动形式。

打马，是宋代女词人李清照在前人基础上重新设计出来的一种掷骰行马的棋类活动。因其比较适合于文人游戏，所以这种棋类活动又被称为才子性棋艺。

打马的棋盘，是一副完整的象棋盘，在其四周环布着棋形的圆格，绘上许多密集的图块，填满了见于史籍和传说的形形色色的马名，间列着皇家府厩的名目。行马的步数是按照各自掷出的采点移动的。参加打马棋戏一般限制在五人以下。参加者掷出本采之后，各人执二十枚叫"马"的棋子。棋子与今天的象棋子差不多，圆形扁薄，可以重叠，重叠的棋子可以同时前进。谁的20匹马全部先到"尚乘局"（即终点），谁就是赢家。

打马棋戏自宋代以后，由于规则繁复，操作起来较为麻烦，使得参与者的积极性难免受到一些影响，以致到了元明之际，就逐渐失传了。

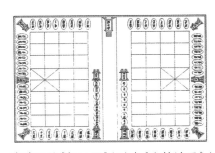

李清照的《打马图》（选自《忘忧清乐》）

宋代的打马钱（选自《忘忧清乐》）

　　御术与赛马，是中国古代流行久远的运动项目之一。这类运动形式在商代即已有了较大发展，而至汉代则更为兴盛。随着历史的发展，御术和赛马无论在民间，还是在军事训练中，都成了一类主要的运动和娱乐形式，并有了新的发展。明清之际，御术虽有所衰退，但与马有关的比赛与表演活动却在民间和军中日渐兴盛。在历史的长河中，这两类活动内容都是中国古代体育的重要的组成部分。

明代珐琅奔马（选自《收藏界》）

东汉御车画像砖拓本（四川成都出土）

御术与赛马

图说中国古代体育

御 术

在我国古代的驾驭技术中，包含着许多御车运动的技术因素。据说黄帝大胜蚩尤，就是将车马相结合，造出了世界上最早的战车。故而，黄帝的子孙们始终将这位祖先敬称为"轩辕"，轩辕者，车也。《史记·五帝本纪》有"帝尧彤车乘白马"的记载，证明当时的车马工艺已有相当水平了。《竹书纪年·夏侯纪》写道："商侯相士作乘马，遂迁都于商邱。"这里记载殷商迁都已经将马车作为运输的主力。1953年在河南安阳殷代遗址中，出土了双马驾车的实物。后来，在河南殷墟遗址中又得到四马并排驾车的实物。考古发掘可以证实，驭马驾车在商代是比较普遍的事情。

商代马车遗迹（河南省安阳殷墟出土）

要使用车马，就必须掌握驾车驭马的本领。因此到后来，依靠战车打败殷商的周人更深深地体会到御车之术的重要。《诗经·大雅·大明》中有"牧野洋洋，檀车煌煌，驷騵彭彭"的记载，描写的就是周武王伐殷纣于牧野，用战车三百辆、虎贲军三千人、甲士四万五千人，

周穆王巡游天下图中描绘的造父御车
（选自明刊本《帝鉴图说》）

一举击溃商军，从而奠定了周朝开国的基础。因此，周代的六艺教育和现实生活中就有了专门教习驭马驾车的内容。

在古代早期的两轮马车中，有一车一马、一车两马、一车四马及一车六马。一般一车四马是极为讲究的，故《诗经》中有很多一车四马的记述。如《诗经·小雅·车攻》记载："我车既攻，我马既同，四牡庞庞，驾言徂东。"诗中的"四牡庞庞"，便是用四匹高大健壮的雄马驾着一辆车。对于这样的车和马，驾驭手应具备什么样的技术呢？据《周礼·地官·保氏》记载，御有"五驭"。一为"鸣和鸾"。指挂在马车轼木上的和铃与挂在衡木上的鸾铃，在驭手驾马行车之时，和铃与鸾铃要发出轻快而有节奏的振荡声。铃声不乱，表明驾车马的步伐整齐轻快，说明驭手控马有方，驾术高明。二为"逐水曲"。指驭手驾车能适应复杂危险的地形。河流弯曲多变，驾车傍水流而行，路势屈曲，驭人控驾车马要能得心应手，使之能快速前进，而又不坠入河流，陷入水淖，这就必须具备更高明的驾驭技术才能应付。三为"过君表"。培养驾驭手立身做人的品德。车滚马腾，飞奔驰骋，人之情性容易浮躁不端，丧失基本的礼节和品德，因此要以在

战国驾车纹青铜牌饰（内蒙古自治区博物馆藏）

国君面前通过的特殊礼仪培养驭手。四为"舞交衢"。交衢系指十字街口。驾车使马穿街过巷，车辆相汇，人流相交，车人相傍，穿梭前行，舞龙走蛇如入无人之境，不能横穿乱撞。五为"逐禽左"。这是第五种驾驭技术的最高境界，也就是驭手驾车在田猎、征战中要尽可能把猎兽鸟禽乃至步行奔走的敌人驱赶到车马的左方，好让车上的弓箭手开弓射物达到最佳角度，这是田猎和实战的需要。现代西方国家的贵族们，虽已有现代化的猎枪围猎，但仍要求骑手把野兽驱逼至马匹的左前方，进入最佳射击角度。这其实就是"逐禽左"的驾驭技术在当今马上活动的留存。

秦代彩绘铜车马（一车四马）（陕西省临潼秦始皇陵出土）

东汉车马出行图壁画局部（河南省洛阳出土）

汉代车马出行图壁画（山东省梁山县出土）

　　秦汉时期，由于马车在社会上还起着较大的作用，因而驾驭之术还一直受到人们的重视。后来，随着骑术作用的逐渐扩大，马车的作用日渐削弱，御术也在魏晋以后失去了其存在的意义。

西魏赤身御车图壁画（甘肃省敦煌莫高窟第285窟壁画）

东汉车骑出行图壁画（辽宁省辽阳出土）

图说中国古代体育

赛　马

　　赛马，古代称为"驰逐"或"走马"，是我国传统的体育活动项目之一。《诗经·小雅绵》云："古公亶父，来朝走马，率西水浒。"这证明周人在古公亶父之时就已掌握了马术。大约到了春秋时期，各国争霸，常与戎狄作战，逐渐有了骑兵，又因战争的需要，训练出大批善骑的士卒，于是出现了赛马活动。

　　赛马活动见之于文献，当以齐国为早。据《史记·孙子吴起列传》载，齐威王时，齐国君臣常"驱逐重射"，下赌金赛马，胜者得彩金。这种赛马，类如近代的竞速赛马。当此之时，爱好赛马活动者也不乏人。被称为诗人之父的屈原，尤其爱好赛马运动，他不朽的诗章——《离骚》里说"饮

战国时期的赛马图岩画（内蒙古乌拉特中旗乌兰结拉嘎岩画）

余马于咸池兮，总余辔于扶桑"，喜欢骑着骏马在池泽、山涧中驰骋。在有关考古资料中也发现了这一时期的赛马画面，如发现于内蒙古乌拉特中旗乌兰结拉嘎战国时期的赛马图岩画，就向我们展示了当时人们竞马的真实情景。

陕西省咸阳的秦始皇陵一号俑坑局部

秦代赛马活动没有给人留下满意的文献记录，似乎有冷落之感。但从秦始皇陵旁那气势磅礴的马俑场面可以推测，秦代赛马运动不会处于低潮。

汉代赛马活动日益频繁，当时"博戏驰逐，斗鸡、走狗，作色相矜，必争胜者，重失负也"（《史记·货殖列传》）。赛马已逐渐脱离军事体

汉褐绿釉跃马陶俑（徐氏艺术馆藏）

育的轨道，日益赌博化。据《汉书·东方朔传》记载，嗜好体育活动的汉武帝，也是赛马场上的忠实观众，他时而与宠臣董偃"游戏北宫，驰逐平乐，观鸡鞠之会，角狗马之足"，时而又在建章宫"设戏车，教驰逐，饰文采"。汉宣帝时亦"斗鸡走马"（《汉书·宣帝纪》）。汉成帝鸿嘉年间（前20—前17年），曾仿效武帝故事，与宠臣张放常微行出游，"北至甘泉，南至长杨，斗鸡走马长安中，积数年"（《汉书·张汤传》）。京师贵族、郡国官吏也好赛马。如汉末王氏五侯，终日奢侈，"狗马驰逐"（《汉书·元后传》）。东汉骄横一时的梁冀，"好臂鹰走狗，骋马斗鸡"（《后汉书·梁冀传》）。尤其是在汉代的画像石、画像砖及其他艺术表现形式上，都曾留下了当时无名艺术家对赛马表演的生动刻画。

汉代以后，赛马活动有了新的发展。尤其是唐宋以后，考古资料中有关赛马俑以及壁画、瓷枕、绘画等艺术作品中描绘的赛马表演的精彩生动场面，均为我们提供了了解当时体育活动中赛马运动的珍贵资料。明清

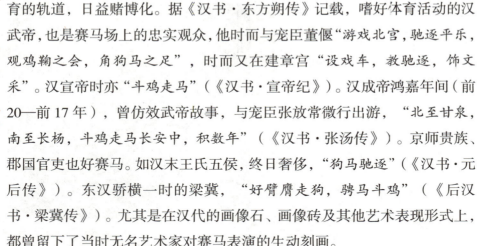

汉代赛马陶俑（陈万里《陶俑》著录）

汉代赛马画像砖（河南省郑州出土）

唐代石雕女竞马俑（山东省济南市出土）

时期的赛马运动更为兴盛，不但民间流行这一活动，甚至军队也将其作为练兵的手段。西藏布达拉宫西大殿壁画中的清代赛马图和其他版画中的赛马图都反映出中国古代赛马运动发展的水平。

迄至今日，由古代流传下来的赛马运动仍然在北方草原地区的少数民族中流行，历久不衰，表现出无限的生命力。

明仇英（款）《陌上竞马图》
（选自《中国古玩鉴赏与辨伪》）

魏晋时期的赛马图壁画砖（甘肃省嘉峪关出土）

清代藏族喇嘛赛马图壁画砖（西藏拉萨布达拉宫壁画）

以陶冶性情、怡养休闲为特点的体育休闲健身活动在我国已有悠久的历史。当先民们在劳动之余或节令之余相聚饮着水酒自寻欢乐之时，许多助兴的休闲雅趣类健身活动形式也应运而生。随着历史的发展和古人文化活动内容的多样化，传统的休闲健身类活动形式得到了丰富和发展，同时，一些新的休闲健身类活动也逐渐被创造出来。这里所说的休闲健身类的活动形式，主要指在人们在闲暇之际，或在聚会、宴席等休闲场所进行的以休闲健身娱乐为目的的活动。这类活动在我国古代历史上有其缤纷多彩的表现形式，为中华民族传统的体育活动增添了新的类型。

北宋磁州窑童子钓鱼枕（选自《东南文化》）

休闲健身活动

垂　钓

　　垂钓，是流行于我国古代的一项具有休闲特色的健身活动，有着悠久的历史。

　　垂钓起源于古老的渔业生产。但是，随着人类食物的逐渐丰富，其娱乐游艺的因素就不断增大，并越来越明显起来。在我国考古发现的史前时代的一些遗址中，经常见到骨制的钓钩。而那些钓钩大多数都不是发现在河底或湖底，而是在住宅处挖掘出来的，有的似乎保存得很好，由此反映出那些钓钩是留作纪念或欣赏的，说明那时钓鱼活动已由生产性逐渐向娱乐性过渡。

汉代垂钓图画像石（山东出土）

在钓钩出现和完善的同时，钓竿也成了垂钓的重要工具。我国古代钓鱼用的钓竿，多数是用竹子制成。竹子质轻，竹竿挺直修长，富有弹性，外形也很美观，是较理想的天然钓竿材料。其粗细则以手握感舒适而定。刻在战国时铜器上的钓竿形象都较短小，而到了汉代，画像石中出现的钓竿就较长了，如按图中的比例估计，有四至五米之长。东汉班固的《两都赋》中就有"揄文竿，出比目"之句。"揄"是牵引之意；"文"指纹饰；"比目"即比目鱼。在竹制的钓竿上绘上和刻上花纹，表明汉代不仅在钓竿的技术性能上

新石器时代骨鱼钩和鱼镖（陕西西安半坡出土）

下功夫，而且还注重钓具的观赏性，这也是为了更好地提高其娱乐的效果。唐宋以后，垂钓用具有了进一步发展。装有绕线轮的钓竿非常流行。宋代画家王洗擅长山水画，在他画的《渔塘泛艇图》中就有轮竿，这是所见此种轮竿中较早的一例。此外，还有明代蒋嵩的《渔舟读书图》、明代版画《子陵钓图》中的轮竿和《桃花矶》中的轮竿，以及沈士充的《寒塘渔艇图》等几幅作品，其中所见到的也均属这种钓具。

汉代垂钓画像石（四川省乐山出土）

垂钓行筏画像砖（四川省新都区出土）

汉代垂钓画像石（山东省藤县出土）

桃花矶垂钓图（选自明代版画）

明代蒋嵩绘《渔舟读书图》

　　轮竿是唐代中期发明的，它类同于现代的"甩竿""海竿"的钓竿。唐代诗人陆龟蒙在《渔具诗》里写道："得乐湖海志，不厌华舟小。月中抛一声，惊起滩上鸟。心将潭底测，手把波之袅。何处觅奔车，平波今渺渺。"作者在这首诗里写的正是月夜里渔者使用钓车垂钓的情景。宋代马远所作《寒江独钓图》中，垂钓者所使用的同样是这种钓竿。明代屠隆撰《考槃余事》中记载："江上以蓑钓为乐事，钓用轮竿，竹用紫竹，轮不欲大，竿不宜长，但丝长则可钓也。"这段记载，从技术角度把轮竿的实际结构做了概括。

《古今图书集成》里还收有一幅明代版画《钓鳌图》，画面上垂钓者头戴草笠，躬身于古林岸边，左手持竿，右手摇轮，正忙于收线。它为我们展示了一具明代实用轮竿，与现代垂钓者自制的海竿相比，在型制上也很接近。说明古人早已把钓鱼作为休闲娱乐活动来看待，而轮竿垂钓因其抛得远，能钓到大鱼，鱼在水下挣扎的时间长，似乎比手竿乐趣还要多些。这和今天的钓鱼爱好者对钓鱼的认识也相差不多了。

钓鳌图（选自明代钓鳌图版画）

古代的垂钓休闲活动在历史的发展中也引育出了许多有趣的文化现象。历代都出现过有关垂钓的故事和以垂钓为题材的诗、词、歌、赋，画家们则挥五色彩笔作各种名目的"垂钓图"，

描绘姜太公钓鱼内容的绘画《渔樵问答》

戏剧中也常穿插有垂钓的情节。《尚书·大传》曾记载说："周文王至磻溪，见吕望钓。"吕望就是姜子牙，人称姜太公。"姜太公钓鱼，愿者上钩"，这句典故一直流传到今天。

当代，在各种游艺会上，人们玩的"钓鱼"，是垂钓的变易，用假的代替真的，假鱼、假钓竿，从而更充分地体现了其娱乐性。而真正爱好垂钓的人也越来越多，不但遍及全国，而且与世界其他国家的钓鱼协会进行广泛地接触，交流技术，举行比赛，使得数千年的垂钓焕发了青春。

图
说
中
国
古
代
体
育

清代宫女钓鱼（选自《清史图典》）

投　壶

　　投壶，是中国古代一种由射箭演变而来，由投壶人站在离壶一定距离的地方，把箭投向壶中来计算筹（得分）的多少以决定胜负的休闲娱乐形式。

　　投壶活动起源很早，先秦时期即已流行。《礼记》曾有这样的记载："投壶之礼，主人奉矢，司射奉中，使人执壶，主人谓：'某有枉矢哨壶，请以乐宾。'"然后宾又客套一番，最后经过一番礼让，才开始投壶。说明"投壶"是古代主人宴请宾客的一种休闲娱乐活动。由于其礼仪烦琐，所以为投壶服务的竟有十余人之众。投壶所用的器具除壶、矢之外，还

投壶（选自喻兰《仕女清娱图册》）

包括各种盥洗用具和酒樽之属。可以说，投壶在早期是一种礼仪文化较浓的休闲娱乐形式。

春秋战国时期，投壶受到人们的喜爱，在宫廷和民间都迅速盛行起来。《史记·滑稽列传》记载，民间城镇酒肆中，男女可同座，边饮酒边投壶。在宫廷中，投壶更加流行。有时在各国交往的国宴上也举行投壶活动。

关于投壶的方法，《礼记》中的"投壶"和"少仪"篇都有详细的记载。投壶所用的壶，广口大腹，颈部细长，壶的腹内装满又小又滑的豆子，防止投的箭跃出。所用的"矢"是用朽木制成，一头削尖如刺。矢的长度有二尺、二尺八、三尺六三种，用于不同的投壶场合。一般每次比赛，只允许投四根矢。

战国犀足筒形铜投壶
（河北省平山出土）

投壶活动时，每投进一矢，由司射给投中者一边放上一"算"，即用来计算投中数目的用具。假如投中者高兴得忘乎所以，不等对方投掷就抢先又投一矢，即使投上了，司射也不给"算"。大概"不算"一词即由此而来。四矢投完算一局，司射为胜者"立一马"。共要进行三局，谁立三马，就算取得最后胜利，输的一方就要喝酒。这种游戏一来可使嘉宾多饮酒，以示主人盛情款待，二来可增添宴会欢乐气氛，一得两便，所以，备受古人的欢迎。

汉代投壶画像石（陕西省绥德县四十铺出土）

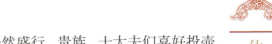
　　在汉代，酒宴上举行投壶的游戏仍然盛行。贵族、士大夫们喜好投壶，每"对酒设乐，必雅歌投壶。"《献帝春秋》里记有袁绍的投壶活动。《魏略》中记载了北地太守游楚和台郎王弼饮酒投壶，相互比试的故事。南阳画像石中有一幅《投壶图》，画面上中间立一广口大腹长颈投壶，壶内已投入两矢。壶侧放一个三足酒樽，樽上放一勺，用来舀酒。壶两侧有五人，其中两人投壶，每人怀抱三矢，手执一矢，向壶中投掷。画面左端一彪形大汉已有醉意，席地而坐，正被一人搀扶退场，显然为投壶场上的败将。画面右端有一人踞坐，双手拱抱，正在观战。这幅生动的画像石刻反映了汉代投壶的情况。

汉代投壶画像石局部（河南省南阳汉画馆藏）

　　汉代以后，投壶游戏仍在流行。汉魏年间人邯郸淳写有一篇《投壶赋》，赋中说当时的投壶"厥（其）高三尺，盘腹修（长）颈，饰以金银，文以雕刻"。显然这种壶已不是席间通常来盛酒的壶，而是精工制作的投壶游戏专用壶。汉代的投壶实物，目前发现的不多。河南济源泗涧沟汉墓曾出土绿釉直颈陶壶，其造型特点与《投壶赋》中投壶"壶颈修七寸，腹修五寸"（通高1尺2寸，约27.6厘米）的记载相吻合。

　　两晋南北朝隋唐五代时期的投壶是以纯娱乐为目的的。这时的投壶，在口的两旁，

西汉陶投壶（河南省济源出土）

图说中国古代体育

还设有两个小耳，说明从晋代开始出现了有耳投壶。随着壶耳的出现，投壶的难度增大了，花样增多了，技巧也随之提高。晋朝左光禄大夫虞潭在《投壶变》中记载了许多新鲜的投法。例如：投入左或右耳的箭，箭身斜倚在耳口形同腰间佩剑那

传入日本的投壶（选自《日本游戏史》）

样的，称为"带剑"；箭身斜倚在壶口的称为"倚竿"；投的箭"圆转于壶口"，停时成为"倚竿"的，称为"狼壶"；箭尾投入壶口的称"倒中"；等等。

宋代，传统的投壶形式较为盛行，但是，司马光对当时流行的投壶意见很大，认为传统的投壶玩法不合礼制，多为奇巧侥幸的投法。于是他

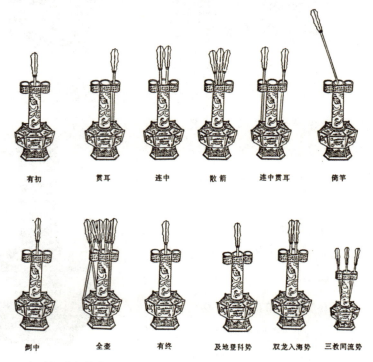

有初　　　贯耳　　　连中　　　散箭　　连中贯耳　　倚竿

倒中　　　全壶　　　有终　　及地登科势　双龙入海势　三教同流势

司马光《投壶新格》中的投壶之式（部分）

对投壶进行符合封建礼教的改革，撰写了《投壶新格》，用以宣传封建道德与封建礼治，巩固封建秩序，此书对古代的投壶活动做了总结，对投壶的意义和规则做了详细的阐述。司马光认为投壶虽是一种游戏，但亦是圣人用来教育人们修身治心的"礼"，它可以"养志游神"，解决疲劳，还可以"合朋友之和"，"饰宾主之欢"。此书对投壶的礼节、用具和规则等都做了详尽的规定，比如，第一箭投入壶中，名"有初"，作十算（计算每人投中数目的小棍）；最初投入壶耳，名叫"贯耳"，作十算；投箭倒入壶中者，名"倒中"，旧为一百二十算，司马光认为不合礼仪，改为无算。……《投壶新格》中所载的投壶规制一直被后代所遵循。

到了明清，投壶无论在民间，还是在宫中，无论是中原地区，还是北方的少数民族地区，都还在流行。并且出现了多种式样的投壶，但在投壶的方法方面，宫廷与民间的纯娱乐性质迥然不同，他们总是借投壶来提倡尊卑揖让的封建礼仪。今北京中山公园（明清时社稷坛）内有"投壶亭"，为明清两代帝王在此投壶演礼的地方，现今公园内还保存着6只明清时代的铜质投壶。中国体育博物馆也藏有几只投壶，都是明清时期的用具。反映了这一时期投壶活动的流行情况。

清代任熊《投壶图》（中国美术馆藏）

明代珐琅彩铜投壶
（中国体育博物馆藏）

清代珐琅彩瓷投壶
（中国体育博物馆藏）

明人《宣宗行乐图》卷局部·投壶（故宫博物院藏）

消寒图

消寒图是一种以画梅或画圆圈等形式来记录冬至后一九至九九日期和气温的休闲性娱乐形式。也是我国古代劳动人民在长期的生产生活实践中创造出的一种以"九"计日的方法。它将每年夏至或冬至后的八十一天各分为九个段落，分别称之为"夏九九"和"冬九九"，并按其次序定名为"头九、二九、三九……九九。"然而，人们通常所说的"九九"多是指"冬九九"，于是便有了数九寒天之说。关于九九的最早文字记载见于南朝宗懔的《荆楚岁时记》："俗用冬至次日数，及九九八十一日，为寒尽。"随着岁月的流逝，在我国民间产生了"九九消寒"的冬季游戏，而画"九九消寒图"就是其中的一种形式。

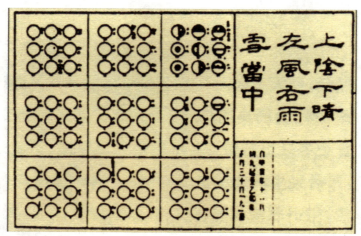

圆圈消寒图（选自《紫禁城》）

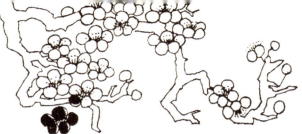

梅花消寒图（选自《紫禁城》）

消寒图的休闲形式在明代刘侗、于奕正的《帝京景物略》一书中有着详细的记载，它共有两种娱乐方法：一种是"日冬至，画素梅一枝，为瓣八十有一，日染一瓣，瓣尽而九九出，则春深矣，曰九九消寒图"；另一种是"有直作圈九丛，丛九圈者，刻而市之，附以九九之歌，述其寒燠之候"。第一种方法是以毛笔涂红色于线条勾出的梅花瓣上，每天染红一瓣，到九九八十一天时，这幅红梅图便全染红了。这种休闲方法很有趣味，深得人们的喜爱。《日下旧闻考》里有一首吟咏这一休闲形式的诗："试数窗间九九图，余寒消尽暖回初。梅花点遍无余白，看到今朝是杏株。"第二种画圈法在《燕京岁时记》中有较详细的记载："消寒图乃九格八十一圈。自冬至起，日涂一圈，上阴下晴，左风右雨，雪当中。"即从冬至这天起，每天涂一圈但不涂满色，只涂一部分，以表示从一九至九九这八十一天的气象情况。对此，民间有一歌诀："上阴下晴雪当中，左风右雨要分清，九九八十一全点尽，春回大地草青青。"反映出"九九消寒图"这一游戏在民间流行过程中愈来愈丰富多彩，形式也不断出新。以上这两种画"九九消寒图"的形式，既简便有趣，又很有实用价值，明清以来在民间广为流行。

与画"九九消寒图"相似的还有一种"写九"的文墨雅兴游戏。据清吴振棫《养吉斋丛录》的记载："道光初年，御制'九九消寒图'，用'亭前垂柳珍重待春风'九字，字字皆九笔也。"这九个字皆用双钩法（字

娃娃消寒图（选自《中国美术全集》）

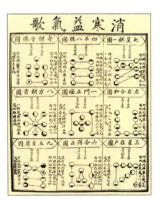

消寒益气歌消寒图
（选自《紫禁城》）

的边缘描写，中间留出空白）写成。冬至后头九第一天开始用珠笔填起，每字九笔，每天一笔，每填写完一字便过了一九，句成则九九八十一天尽。用朱笔写完当日一笔后，还要用细笔在这笔画上写上当日的天气情况。因此，当一幅"消寒图"填完后，细看一"亭前垂柳珍重待春风"九个字上，则是这一年冬季的天气档案记录。

自清以来，在民间读书人中又出现了一种名为"九九迎春联"的"写九"游戏。这种游戏是先作一联，每联必须九个字，每字必须九画，如"幽柏玲珑浓荫送秋残，柔柳轻盈香茗贺春临。"把这些字描成"双钩"空格，每天在上下联各填一笔，全联填完，便春暖花开了。

古代的九九消寒图，是一种很有特色的传统休闲活动。作为一种日历式的形式，它深得文人墨客的喜爱。后来，随着新式日历、挂历的引进，这种休闲形式逐渐消失了，只有数九歌仍在民间流传着。

消寒图（选自《紫禁城》）

清代缂丝加绣九阳消寒图轴（故宫博物院藏）

葫芦消寒图（选自《文史知识》）

登 高

在我国古代南朝的梁代，有一个叫吴均的人曾写过一部名为《续齐谐记》的书，书中记载了这样一个传奇性的故事：东汉末年，汝南有一个叫桓景的人，跟随道人费长房在外游学。有一天，费长房对桓景说，在九月九日重阳节这一天，汝南将有一场灾祸。为了避免这次灾难，到时候你们全家每人要做一只红布袋，里面放上茱萸，扎在手臂上，一起登上高山，然后喝菊花酒，这样就可以避免受害了。桓景就按费长房的吩咐——照办，在九月九日重阳节带领全家上了山。傍晚，下山回家一看，只见所养的家禽都死了，全家因外出，得以幸免。从此以后，人们为了辟邪，就开始了每年一度的重阳节登高活动。

当然，这只是一个迷信的说法，其实，登高这一娱乐活动已有着很久的历史了。中华大地有无数的高山峻岭，其雄伟壮丽的风光自古以来就吸引着无数的爱好者去攀登。春秋时期的大教育家孔子就很喜欢登山，他曾经登上东山俯视鲁国，登上泰山俯视天下，并与弟子们登游于景山之上。农历九月九日是重阳节，这时，紧张忙碌的收获已经结束，天空中送来一阵阵秋风，大自然的花草树木，

费长房（选自《列仙全传》）

图说中国古代体育

重阳登高（选自《北京风俗图谱》）

呈现出一年中最丰富的色彩，一幅美不胜收的秋景图。难得余暇的人们怀着欢娱的心境，登高远望，万里江山尽收眼底，令人心旷神怡。年复一年，登高逐渐发展成一项传统的民俗休闲活动。

最初的登高，仅仅是以欣赏大自然的景致为主，后来慢慢地增加了带茱萸、饮菊花酒和赏菊等活动。据说汉高祖刘邦的爱妃戚夫人被吕后残害致死后，其侍女贾某被逐出宫，嫁给平民为妻。她曾经谈起过每年九月九日在宫中饮菊花酒、吃"蓬饵"、带茱萸，以求长寿的故事。表明至少在汉代，就已经盛行于九九重阳节带茱萸、饮菊花酒的习俗。而后来流行的重阳节登高带茱萸、喝菊花酒等当然不是如前面传说所言的那样为了辟邪，其目的则是为了避免登山途中毒虫、蚊蝇的干扰，是有益于健康的活动。

到了晋代，由于门阀制度的确立，士族特权日益增强，达官贵人生活优裕，游山玩水的风气非常兴盛。在这个基础上，重阳登高就更为广泛了。当时重九登高游艺的主要活动之一是采菊。晋代诗人陶潜曾为此留下了"采菊东篱下，悠然见南山"的著名诗句。登高成为这一时期极为兴盛的一项休闲娱乐活动。

唐代的登高风气之盛为历代所罕见。唐代著名医学家孙思邈就把登高作

山茱萸（选自《三才图会》）

为一项节日性的重要健身活
动来提倡。他在《千金要
方·月令》中写道，每当重
阳之日，人们必带酒看登高
远眺，借游赏以畅其大志。
登高活动中所饮之酒必须以
茱萸、菊花浸泡，人们尽兴
豪饮而返。这项活动对身体
健康很有益处，许多人在登
高远眺时，还抒发了怀念故
乡、故人的情怀及爱国爱乡
的崇高情操。唐代诗人王维
的《九月九日忆山东兄弟》：
"独在异乡为异客，每逢佳
节倍思亲。遥知兄弟登高处，
遍插茱萸少一人。"这一首
诗就是诗人登高之际真实情
感的抒发。

　　登高，是一项非常普及
的民俗娱乐活动，深受人们
的喜爱。无论男女，无论平
民百姓、达官贵人，都对这
一活动怀有浓厚的兴趣。正
因为如此，自它产生起，经
过历朝历代，长盛不衰。历
代文人留下了大量的以登高
为题材的诗篇，成为人们传
咏的千古绝句。

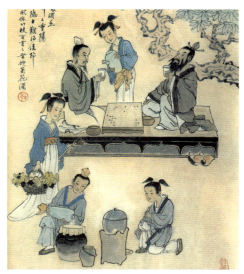

晋代饮菊花酒图（选自《古代风俗百图》）

唐代登乐游原（登高）图（选自《古代风俗
百图》）

九重高拱（清宫九月九日携物出京登高的情
景）（选自《点石斋画报》）

图说中国古代体育

踏　青

踏青，又叫春游，是我国节令民俗中休闲健身活动的重要内容，源于远古农事祭祀的迎春习俗，具有相当久远的历史。早在西周时期，每当立春时节万物萌发之际，大地绿草如茵，到处都是生气勃勃的一片青绿。这一天，天子要率百官去郊外举行迎春仪式，祈祷上苍保佑农事顺利。后来，这种活动就渐渐地成为一种带有礼制特点的休闲习俗，流传下来，并在踏青的过程中进行一些其他娱乐活动，形成了一种综合性的健身和陶冶性情的活动形式。

周代踏青图（选自《古代风俗百图》）

北朝踏青图（选自《古代风俗百图》）

春秋时期，踏青已成为一项较为普及的娱乐活动。孔子的弟子曾皙有一次对老师说，他最喜欢在风和日丽的晚春，穿着新做的春服，和几个朋友结伴去城外的沂水游泳，到树木成荫的祭坛上沐风，然后大家一起高歌长吟而归。作为老师的孔子非常赞同学生的看法，说明孔子也是非常喜爱踏青活动的。

汉至魏晋代，基本上承袭了西周之时的迎春之礼这一习俗。在春和景明的季节里，帝王贵族们常借迎春之仪游览春色。西汉武帝，东汉明帝、章帝、和帝、安帝、灵帝及献帝都常于春季出游踏青，郡县官吏也常以劝农鼓励人们参加春游活动。汉代还有春日采风的习俗，《汉书·食货志》

南朝贵妇出游画像砖（国家博物馆藏）

隋代展子虔《游春图卷》（故宫博物院藏）

载，每当春日人们一起郊游之时，朝廷往往派人手敲木铎向郊游者采集诗歌献给乐府。表明汉代的踏青活动已不仅仅是政府劝民农桑的迎春之仪，也不仅仅是"礼拜"而已，它在迎春演礼的基础上又增加了许多赏心悦目的余兴节目和有意义的休闲活动，足见汉代踏青风俗之盛。

春日踏青到唐代就已经成为一种非常流行的娱乐休闲活动。在首都长安，每到春天就会兴起规模盛大的踏青活动，或骑马，或徒步，异常热闹。《开元天宝遗事》说踏青时节的园林中，游人如织，风流的长安青年们喜欢成群结队地骑马出游，豪饮长歌。有些游兴大的富家子弟甚至在园林中设置帐篷。长安的青年妇女们也是踏青的积极参与者，她们漫步在空气

唐三彩骑马出游俑（徐氏艺术馆藏）

北宋赵佶摹《张萱虢国夫人游春图》卷（辽宁省博物馆藏）

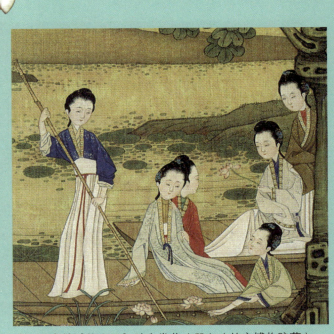

清焦秉贞绘《仕女图》踏青赏荷（册）（故宫博物院藏）

清新的林木中摘花折柳，遇有名园则席草坪而坐，载歌载舞，好不开心。由于大量人群踏青野宴，因而，一到春日，长安的"园林、树木无闲地"。

踏青在宋代以后形式多样，内容也更加丰富。其踏青活动，一般从正月初八就开始了。由于城市经济繁荣，也给踏青创造了良好的条件。当时，妇女们成群结队外出游玩、赏花，名曰"踏春"，并出现了专为踏青设定的节日——踏青节。宋代的学校甚至还给学生放春游假，太学放假三天，武学放假一天，让学生们痛痛快快地放松一下。由于宋代城市的发展，民间艺人的大量出现，使得踏青也与观赏杂技杂耍结合了起来。如洛阳一带，每年正月梅花开、二月桃花开、三月牡丹开放的时节，人们往往在花开得特别好的地方围起一个圈子，供各种杂技艺人在那里表演节目。城中的男男女女这时就带上酒菜纷纷出城去风景秀丽的地方，边饮酒唱歌，边赏花和观看杂耍，热闹非凡。

明清时期，踏青活动更为流行，而且还是各个阶层常见的休闲娱乐活动内容。踏青，作为一项颇具特色的民俗娱乐形式，生动地反映了中华民族多种多样的健身娱乐活动，充满勃勃生机和趣味性。这项古老而有意义的习俗一直延续到今天。

宋人绘《春游晚归图》（台北"故宫博物院"藏）

仕女游春（选自杨柳青年画）

踏青赘谭（上巳节期间外出踏青）（载《点石斋画报》）

　　古代的民俗游乐活动，是在长期的历史演进中顺应着节令规律的变化而逐渐形成的。因此，游乐活动与岁时节令之间有着必然的对应关系。与此同时，这类游乐活动在一定的岁时节令中，还往往有着十分集中的表现。诸如在春节、元宵、清明、端午、七夕等节日中，中国古人总是要进行大量的民俗游乐活动，尽情地玩乐嬉戏，使岁时节令娱乐活动更加具有相当的普及性。这种活动形式，简便易行，无论在都市还是于乡间村落，都能因地制宜地开展，甚至片刻之间也能进行。因此，这类活动在古代不同的经济水平和民俗习惯相异的地区都得到了不同程度的发展，并延续至今。

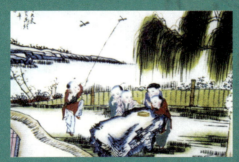

童戏风筝（选自杨柳青年画）

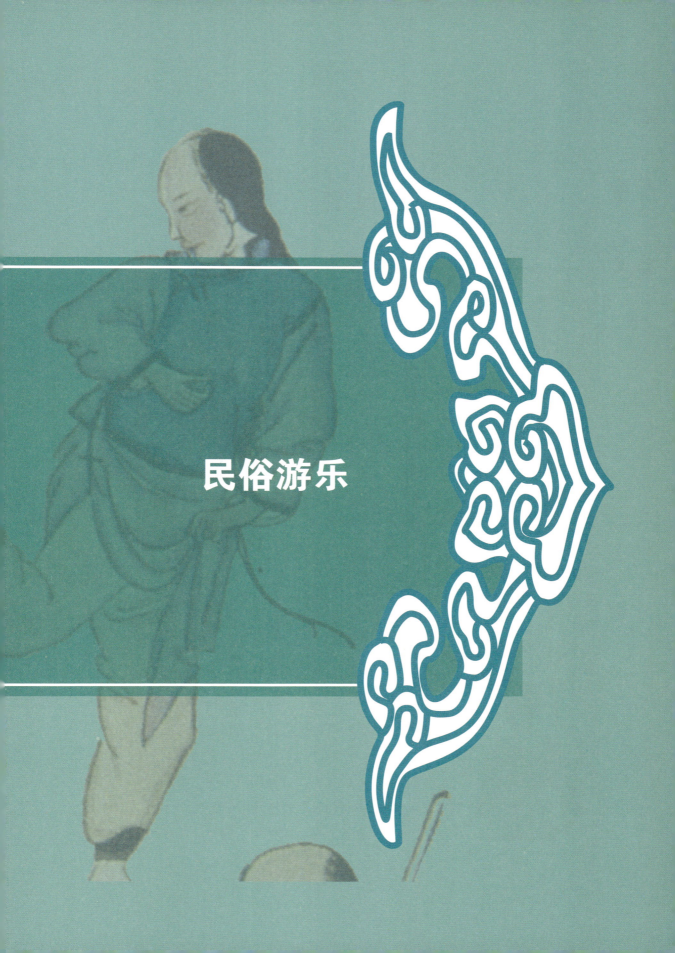

民俗游乐

放风筝

风筝，古代又称"飞鸢"，是一项古老的民俗游乐形式。因最早的风筝是以木材制成的，因而也称"木鸢"。木鸢的发明者，据说是春秋时鲁国人公输般。因"般"与"班"读音相同，于是人们就称其为"鲁班"。《墨子·鲁问》载，鲁班曾经用竹木为材料制作了一只木喜鹊，据说可以连续飞行三日。《淮南子·齐俗》也说鲁班用竹木做了一个会飞的木鸢。由此可见，

鲁班画像（选自《风筝》）

在 2000 多年前的春秋时期就已经有了能飞行于空中的"木鸢""木鹊"了。不过，在造纸术发明以前，这种竹木制的木鸢既贵又不易制作，因此在汉代以前是不可能得到普及的。

韩信画像（选自《风筝》）

秦汉以后，由于发明了造纸，纸制的风筝开始出现了。西汉初年，汉高祖率兵离京征伐陈豨，大将韩信想趁机造反，于是就以纸制的风筝测量未央宫的距离，准备穿地道入宫。这时的风筝叫"纸鸢"，直到南北朝时期还将其用于军事。

唐宋以后，风筝大为盛行。此时的风

筝除了作为一种军事上的通信工具，而且成为人们的一种娱乐工具。唐代的高骈有《风筝》诗云："夜静弦声响碧空，宫商信任往来风。依稀似曲才堪听，又被移将别调中。"竹哨声犹如弦索，任东风吹弄，奏出美妙的音乐，你刚刚被它吸引、打动，忽地又移音换调，真是变化无穷，耐人寻味。反映出这时的风筝在制作和放飞技术上已是相当的精湛了。

明代放纸鸢图（选自《古代风俗百图》）

　　宋代时，放风筝已成为民间百姓中较为普及的民俗娱乐活动。如在每年的西湖游春活动中，断桥上、苏堤上，许多少年、儿童"竞纵纸鸢"。当时，还出现了一些以互相争胜为主的放风筝比赛，但这种比赛不是比赛放得高、放得远，而是互相勾引绞线，

童嬉风筝（选自《吴友如画宝》）

十美放风筝（选自杨柳青年画）

以绞断对方的风筝线为赢。这种斗风筝的场面十分热闹。宋代的皇帝也很喜欢放风筝，宋徽宗就曾在禁城中放风筝，有时放的风筝还落到城外的平民百姓家中。

放风筝对人的健康很有益处。放风筝要长时间地昂首仰望，还要奔跑疾走，举臂牵引，而放风筝又多是在空气新鲜的郊外。《续博物志》一书亦言儿童在放风筝时，仰头看，张着口，可散发内热，祛病除灾。放风筝确是一种寓健身于娱乐之中的有益活动。

明、清时期，放风筝活动有了更大的发展。不仅一般人家的儿童，就像《红楼梦》中所描写的宝玉、黛玉那样的公子和小姐也在大观园中放风筝。这时的放风筝活动多在清明节前后，借春

清代放风筝图（选自《北京民间风俗百图》）

月空气上升之力放飞。在各地，每到清明扫墓之际，少男少女纷纷携风筝到郊外，墓祭扫完之后，就在坟前进行放风筝比赛。由于放风筝活动以儿童参加的为多，因而有许多诗都是借儿童放风筝以寄意。如宋伯仁的《纸鸢》一诗就这样写道："弄假如真舞碧空，吹嘘全在一丝风。惟渐尺五天将近，就在儿童掌握中。"诗中把儿童放风筝的场景刻画得栩栩如生。

古典名著《红楼梦》的作者曹雪芹对风筝的研究就有很深的造诣，所撰《南鹞北鸢考工记》一书，介绍了几十种风筝的扎、糊、绘和放的工艺及方法，每种都画有彩图，并配有歌诀。清代在京师还出现了魏元泰、哈长英及金福忠等享誉世界的风筝世家，为风筝这一民俗游艺活动的发展做出了贡献。

曹雪芹画像（选自《放风筝》）

图说中国古代体育

清代仕女风筝（山东潍坊风筝博物馆藏）

清代孙悟空风筝（山东潍坊风筝博物馆藏）

清代寿星童子风筝（山东潍坊风筝博物馆藏）

清代童子风筝（山东潍坊风筝博物馆藏）

抖空竹

　　抖空竹，又叫"抖空钟""抖空筝"，是古代流行于北方的一种传统娱乐形式。

　　抖空竹在我国有着悠久的历史。明刘侗、于奕正在《帝京景物略·春场》中记载说："空钟者，刳木中空，旁口，荡以沥青，卓地如仰钟，而柄其上之平。别一绳绕其柄，别一竹尺有孔，度其绳而抵格空钟，绳勒右却，竹勒左却。一勒，空钟轰而疾转，大者声钟，小亦蛞蝓飞声，一钟声歇时乃已。制径寸至八九寸，其放之，一人至三人。"古代的这类所谓"空钟"，北京俗称"抽绳转"，天津人叫它"闷壶卢"，有的地方叫"地铃"，李家瑞《北平风俗类征·游乐》引坐观老人的《清代野记》说："京师儿童玩具，有所谓'空钟'者，即外省之地铃。两头以竹筒为之，中贯以柱，以绳拉之作声。唯京师（指北京）之空钟，其形圆而扁，加一轴，贯两车轮，其音较外省所制，清越而长。"

　　综上所述，空钟也罢，闷壶卢、地铃也罢，都是同一玩具。不过，

抖空竹（选自《体育史话》）　　空竹（选自《体育史话》）　　卖空竹图（选自《北京民俗图谱》）

抖空竹扯响簧（选自《启蒙画报》）

妇女抖空竹（选自《图画日报》）

明代暗花罗方领女夹衣上的抖空竹图案（北京市昌平明定陵出土）

一般所说的"空竹"，是专指抖在空中嗡嗡作响的那一种。这种空竹，明代末年成书的《帝京景物略》中尚无记述。到了清代，有关记述渐渐增多起来，抖空竹遂成为人们喜爱的一种游戏。这种典型的空竹，一般分为单轴和双轴两种，轮和轮面为木制，轮圈为竹制，竹盆中空，有哨孔，旋转时可发出嗡嗡嗡的响声。空竹中柱腰细，以便于缠线绳抖动时旋转。抖空竹者双手各持两根二尺左右长短的小木棍（或小竹棍），其顶端皆系一根约五尺长的棉线绳，两手握住小木棍的两端，使线绳绕轴一圈或两圈，一手提一手送地抖动，加速旋转使之发出鸣叫声。

清代一位不知名的人所著的《燕京杂记》在记述当年京师空竹的制法、玩法时这样说过："京师儿童有抖空竹之戏，截竹为二，短筒中作小干，连而不断，实其两头，窍其中间，以绳绕其小干，引两端而撇抖之，声如洪钟，甚为可听。"

清代的空竹除了在民间儿童中流行，还被传入宫中，为宫中妇女所喜爱，并出现了不同形式的抖的方式。清人无名氏《玩空竹》诗曾这样形容："上元值宴玉熙宫，歌舞朝朝乐事同。妃子自矜身手好，亲来阶下抖空中。"原注云："空中，玩器之一。近舞于京师，新年，王孙、贵姬擅长者皆为之。宫中妃嫔亦多好焉。舞式有'鹞子翻身'、'飞燕入云'、'响鸽铃'等。"抖空竹的花样也不算少，除以上所述及的花样之外，还有"攀十字架""扔高""张飞骗马""猴爬竿"等。尤其是"扔高"，有的能将空竹抛向空中达数丈高，待其下落再以抖线承接，准确无误，堪称一绝。

抖空竹自清代以后得到了继续发展，并在民间广为流传，同时也成了杂技艺术中的重要表演形式。

踢毽子

　　毽子，也称"箭子"，是由古代的蹴鞠演变而来的一种活动形式。

　　踢毽子究竟起自何时，已不大能讲得清楚，但早在 1500 年前的北魏时期，就已经有踢毽子的活动在流行了。据说少林寺的第一代住持、印度来的高僧佛陀在洛阳游历时，就看见一个 12 岁的小男孩站在高高的井栏上十分灵巧地踢毽子，一口气踢了 500 下，佛陀十分惊异，就收了这个男孩做他的弟子，这就是后来有名的少林高僧慧光。一个 12 岁的孩子，站在危险又不十分宽敞的地方，一口气踢 500 个毽子，可见其熟练程度，这也说明这种活动在当时已十分普及了。

　　从宋代开始，出现了用鸡毛做成的毽子，宋代高承的《事物纪原》曾说："今小儿以铅锡为钱，装以鸡羽，呼为箭子……亦蹴鞠之遗意也。"

少数民族土族的踢毽子比赛
（选自《中国少数民族传统体育》）

宋代蹴鞠纹笔筒纹饰展开图
（安徽省博物馆藏）

图说中国古代体育

即指出了当时毽子的形式，也说明了踢毽子与蹴鞠活动的渊源关系。这时还出现了专门制造毽子的手工作坊，在宋人周密的《武林旧事》一书中就载有临安城的手工业中有"毽子、象棋、弹弓等作坊"，"每一事率数十人，各专籍以为衣食之地"。说明当时买毽子的人不少，也反映出踢毽子活动的普遍。踢毽子活动在小孩子中间特别流行，他们三人一群，五人一伙，边走边踢，花样也很多。宋代是我国蹴鞠发展的兴盛时期，个人技巧性的蹴鞠已达到很高的水平，出现了各种各样的踢法，这对儿童踢毽子活动产生了很大的影响。在踢毽子中，按照身体的不同部位和不同踢法，出现了各种花样，诸如里外廉、拖抢、耸膝、突肚、佛顶珠、剪子、拐子等，这些花样都与中国古代蹴鞠中的"白打场户"踢法相似。因此，宋人高承认为踢毽子由蹴鞠发展而来是有充分道理的。

到了明清两代，踢毽子又得到进一步发展，成为人们喜爱的民俗游乐活动。特别是由于古代蹴鞠的衰落，踢毽子代替了踢球，使踢毽子的技巧也达到了更高水平。当时有"一人能应数敌，自弄则毽子终日绕身不坠"

清代踢毽子版画(江苏苏州木版画)

清代踢毽子图（选自《北京民间风俗百图》）

踢毽子（载《北京风俗图谱》）

之说。终日绕身可能有些夸张，不过却表明当时的人们已有很高的控制毽子的能力。踢毽子表演不仅有单人的，还有双人的合作表演。清代无名氏《燕台口号一百首》记载："琉璃厂有踢毽子者，两人互接不坠"，其表演的动作是"内外拖抢佛顶珠，一身环绕两人俱"。当时有一种形式叫"踢花心"，数人围成一圈，一人在中间，众人向中间踢，中间一人不但要求接到周围人踢来的毽子，而且要踢出同样难度的花样。由于踢毽子活动的普

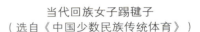

当代回族女子踢毽子
（选自《中国少数民族传统体育》）

及和技艺的提高，还出现了专以此为生的江湖艺人。据清人潘荣陛《帝京岁时纪胜》的记载，这些江湖艺人踢起毽子来，手舞足蹈，连贯流畅，毽子在他们的头上、脸上、后背、前胸、脚上等部位盘旋飞舞，妙不可言，足见其功夫的高超。

踢毽子运动作为一项传统的民俗游乐活动，在中国盛行了2000余年，深受社会各阶层人士的喜爱。直到清末办新学时，学校中的体育课里还有踢毽子一项，是当时最受学生欢迎的课程之一。

忽高忽下——踢毽子版画（选自《吴友如画宝》）

鞭陀螺

　　陀螺，也作"陀罗"，是古代一种普及型的民俗游乐活动。

明代童子鞭陀螺青花长方盒
（天津市艺术博物馆藏）

　　陀螺最早在史前时期就已经出现了，时代相当于新石器时期的浙江余姚河姆渡文化遗址就曾发现过当时的陀螺用具。但文献资料直到宋代才见于描述。宋代周密《武林旧事》卷六载："若夫儿戏之物，名件甚多，尤不可悉数，如相银杏、猜糖、吹叫儿，打娇惜、千千车、轮盘，每一事率数十人，各专籍以为衣食之地，皆他处之所无也。"清人翟灏在《通俗编》中认为这里所说的"千千车"即为陀螺之属。它很像现在我们的"捻捻转儿"，主体是一个圆片，中央贯轴，常在桌面上玩，不用鞭抽。翟灏将其归入陀螺一类是有道理的，直到现在，有些地方仍称捻捻转为陀螺。

新石器时代木陀螺（浙江
省余姚河姆渡出土）

古代的"千千年"陀螺（选自《体育史话》）

明代晚期陀螺的形制已与今日陀螺无异，《帝京景物略》中说："陀螺者，木制如小空钟，中实而无柄，绕以鞭之绳而无竹尺。卓于地，急掣其鞭，一掣，陀螺则转，无声也，视其缓而鞭之，转转无复往，转之疾正如卓立地上，顶光旋旋，影不动也。"这里把陀螺比作"小空钟""而无柄"非常形象，而小空钟实际上是指地轴而言，"中实而无柄"的地轴，实在就是陀螺了。

陀螺这一民俗活动极具特色，鞭陀螺多取冬季，在冰面上尤为适宜。抽打时，活动量较大，对臂、腰、腿各部均有锻炼作用。明清时代儿童鞭陀螺游戏的情景，曾有诗人做了形象的描述。如清代初年元璟就借山和尚的《鞭陀螺》诗，以清新洒脱的语言描绘了当时北京小儿鞭陀螺的生动情景："京师小儿玉瑳瑳，紫貂裹袖红锦靴。嬉戏自三五，乐莫乐兮鞭陀罗。香尘堆里，牛羊马骡；鞭个'走珠'，鞭个'旋螺'；随风辗转呼如何。'阿哥、阿哥！明年带刀佩箭跃马金盘陀。'"这显然是一群满人贵族小儿陀螺群戏图。比元璟早些年的明末人刘侗也写过同样题材的诗歌，名为《杨柳活》："杨柳活，杨柳多，小孩小女闲不过，丝线结鞭鞭陀罗。鞭陀罗，

古代的各式陀螺（选自《体育史话》）

古代的空钟陀螺（选自《体育史话》）

清代打陀螺图
（选自《古代风俗百图》）

图说中国古代体育

明代暗花罗方领女夹衣上的鞭陀螺图案
（北京市昌平明定陵出土）

鞭不已，鞭不已，陀罗死。"同样是那么活泼自然，嗅得出泥土的气息，所描绘的更像是乡间小儿玩陀螺的情景。这些诗，一下子把我们带到那春风乍起之季、杨柳初黄之时，乡村里、城镇中，群儿三五，扬鞭抽陀螺，他们唱着"杨柳儿活，抽陀螺！"边唱边抽，好不快活！古代的陀螺种类多样，简单些的，只需将木头旋成圆柱体、上平下尖就成功了。复杂些的，则在圆柱体侧挖空，外面留一长条孔。使内部形成一个腔体，以鞭抽打，令其旋转起来，可发出嗡嗡的声响，这种能叫的陀螺叫"鸣声陀螺"。现在，有的陀螺甚至在尖部装上了钢珠，增加了其旋转的速度，使这一传统游戏更具有科学性。据说陀螺的稳定旋转，曾给原子反应堆的发明家思里科·费米以极大的影响。

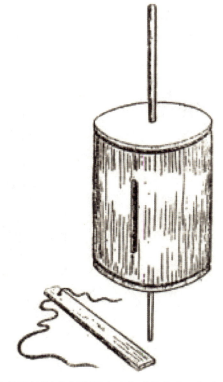

古代的竹制鸣声陀螺（选自《体育史话》）

荡秋千

据《古今艺术图》一书记载："秋千，北方山戎之戏，以习轻趫者。齐桓公伐山戎，此戏始传入中国。"山戎也叫北戎，春秋时代居住在今河北东部，与齐、郑、燕等国境界相接。据说山戎人大都勇猛强悍，善于攀登。荡秋千便是山戎人平时训练攀跃山崖或溪流能力的一种活动。公元前663年，齐桓公为救燕国，发兵进伐山戎，一直打到孤竹（今河北卢龙）才撤兵。很可能，在北伐山戎的过程中，齐桓公看到当地人荡秋千的游戏，觉得很有趣，便把它的玩法带回了中原。其后，历代宫中几乎都设有秋千之戏。

明代黑漆彩螺钿楼阁仕女游艺秋千图屏风（南京博物院藏）

汉代铜鼓上的磨秋图
（云南省江川李家山出土）

清周鲲等绘《汉宫春晓图》中描绘的汉代宫女荡秋千情景（故宫博物院藏）

图说中国古代体育

秋千一词，由来很久。相传汉武帝时，为祈祷武帝的千秋之寿，宫女们乘绳悠荡助兴，"千秋"是祝寿之词，于是将二字一颠倒，就将这种游戏称作"秋千"。

在秋千的发展过程中，由于本身形式的变化，演变出了许多名称，如荡秋、磨秋、观音秋、纺车秋、转轮秋、二人秋、担子秋等。归纳起来，秋千的种类不外乎三种：一是传统的荡秋千，即"植木为架，上系两绳，下拴横板，人立于板上，"像钟摆一样的来回摆荡；一种是车轮秋，"磨秋""观音秋""纺车秋"等都属于车轮秋，它是"植大木于地，上安车轮状圆轮，在呈辐射状横木上，系绳于下，以架坐板。"活动时，坐秋千的人用脚蹬地使车轮旋转，然后悬空转动；一种是担子秋，也叫二人秋，"竖长柱，设横木于上，左右各坐一个，以互落互起而飞旋不停，"类似跷跷板的游戏。

中国传统式打秋千
（选自《中国少数民族传统体育》）

担子秋（选自《中国少数民族传统体育》）

发展到隋唐时期，秋千之戏不仅为皇宫内宫女们所喜好，而且民间也非常盛行。由于荡秋千时不需要很大的力量和复杂的动作，同时游戏时还略带几分惊险，要通过自身的力量把身体荡在空中，所以，深受妇女、儿童的喜爱。杜甫《清

五代荡秋千图（选自《古代风俗百图》）

明二首》中有"十年蹴鞠将雏远，万里秋千习俗同"，反映了秋千在民间极为普及。刘禹锡《同乐天和微之春深》一诗中也有"秋千争次第，牵挽彩绳斜"的描写。

荡秋千活动在宋代民间也很盛行。陆游《感旧未章盖思有以自广》诗说："路人梁州似掌平，秋千蹴鞠趁清明。"在《三月二十一日作》中更有"蹴鞠墙东一市哗，秋千楼外两旗斜"的诗句，都是说清明节期间民间有踢球和荡秋千的活动。苏东坡有《蝶恋花·春景》词："墙里秋千墙外道，墙外行人墙里佳人笑。"李清照有《点绛唇》名句："蹴罢秋千，起来慵整纤纤手。露浓花瘦，薄汗轻衣透。"这都是说女子荡秋千活动的情景。

清代仕女荡秋千象牙雕
（台湾文渊阁藏）

荡秋千不仅只是民间妇女的娱乐活动，对于禁锢在深宫的宫女而言，也是一种活跃身心的活动。王珪《宫词》写宫女在清明节也有荡秋千的活动："禁御春来报踏青，御池波漾碧涟轻。内人争送秋千急，风隔桃花闻笑声。"

明清之时，清明节蹴鞠、荡秋千的风俗仍非常盛行。居住在山东章丘的李开先，在他所著的《闲居集》中，有一首《当地寒食节岩亭宴客观蹴鞠秋千》的诗说明了当地寒食节有蹴鞠、荡秋千的活动；而在另一首《观秋千作》并序言中更描述了当地百姓重视秋千活动的情景：

清代象牙雕杨柳秋千图（故宫博物院藏）

"东接回军，北临大河，庄名大沟崖。清明日，高竖秋千数架，近村的妇女，欢聚其中。予以他事偶过之，感而赋诗：彩架傍长河，女郎笑且歌。身轻如过鸟，手捷类飞梭。村落人烟少，秋千名目多。从傍观者惧，任路今如何。"在乱世年荒的清明节，依然竖起秋千架欢聚，以荡秋千为乐，可见其习俗的重要。

明代流行荡秋千活动，还见于《金瓶梅》小说中，其中有整整一回是写的荡秋千游戏活动，既见作者熟悉荡秋千之方法，又表明荡秋千是当时妇女喜爱的活动。在王圻所编纂的记述历代人物和风俗的《三才图会》中，还附录了一幅妇女荡秋千的插图，极为形象生动。

秋千活动亦是明清宫廷中的一项娱乐游戏。刘或愚著《酌中志·明宫史》中说："三月初四日，宫眷内臣换罗衣。清明则秋千节也，坤宁宫及各后宫，皆安秋千一架。"清代宫中在燕九日有秋千表演："山高水长在圆明园之西，俗呼西厂，地势宽敞，直陈大戏。每岁正月十九日，例有筵宴……有西洋秋千架，秋千旋转，下奏歌乐。"所谓西洋秋千架，实则为我国西南少数民族的"磨秋"，立一竖柱，上横十字木，悬挂四条秋千架，旋转荡动。

在我国古代历史上的少数民族中，多有秋千之戏，而且荡秋千的方法不尽相同。可见作为游戏活动的秋千，在我国开展的地区是相当广泛的。

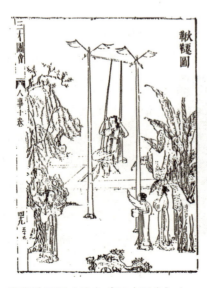

明代秋千图（选自《三才图会》）

明代荡秋千（选自《金瓶梅词话》）

清代焦秉贞绘《仕女图》秋千（册）（故宫博物院藏）

图说中国古代体育

拔　河

　　拔河，在中国古代最初又称"牵钩""强钩"，是一种非常吸引人的民俗游乐活动。相传兴起于春秋战国时期，其起源和军事训练有关。春秋末年，楚国在攻打吴越之前，为了练习水战，就以这种"牵钩"来训练士兵。这种牵钩当时主要流传于南方楚国的襄汉一带。最初是用竹皮做成的一种竹索，在水战中用这种器具，使敌船在前进时不能贴近自己的船，而在敌船战败，想逃脱时，又可以钩住敌船，这样两船在大江大河上你拉我扯，互相纠缠在一起，将士就可以大显身手，非得杀出个胜败来才罢休。拔河就是从楚军这种用牵钩对拉的军事训练中演变而来。后来，当地老百姓就学着军队的样子，在陆地上用绳拉扯，于是拔河就逐渐地发展成为一项民间游乐活动。拔河活动先盛行于南方，后来又传到了北方，并成为元宵节和清明节的节日娱乐游戏活动，用拔河来祈祷丰年。

唐代拔河图（选自《体育史话》）

拔河活动在唐代盛极一时，达到了前所未有的规模。唐代人封演在《封氏闻见记》中曾有这样的描述："今民则以大麻絙，长四、五十丈，两头分系小索数百条，挂于前。分两朋，两钩齐挽。当大絙之中，立大旗为界。震鼓叫噪，使相牵引。"就是说，今天的老百姓，在拔河的时候，已经不用竹索了，而是用大麻绳。这种大麻绳长有四五十丈，两头还拴着几百条小麻绳。人们把麻绳挂在胸前，分成两队相互拉好。在大麻绳的中间，立一面大旗作为界限。比赛开始之后，双方擂鼓呼号，最后以牵动对方过界限者为胜。其参加人数之多、竞争的气氛之浓烈都是后来各代望尘莫及的。由于拔河特有的热烈气氛和激动人心的宏大场面，使其成为深受各个阶层喜爱的一种节日娱乐活动。唐代大臣张说的《奉和圣制观拔河俗戏应制》诗，也对当时的拔河活动作了赞咏，诗中说道："今岁好施钩，横街敞御楼。长绳系日住，贯索挽河流。斗力频催鼓，争都更上筹。春来百种戏，天意在宜秋。"形象地描绘了武则天当政时民间盛行的拔河游戏活动。

唐玄宗时，为了"以求岁稔"，更为了"耀武于外"，曾举行了一次盛大的拔河比赛。其参加者千余人，呼声动地，观看者莫不惊骇。当时的进士薛胜为此写下了著名的《拔河赋》，其中这样写道："初拗怒而强项，

唐代薛胜《拔河赋》（选自《全唐诗》）

辛畏威而伏膺。皆陈力而就列，同拔茅之相扔。……一鼓作气，再鼓作力，三鼓分其绳则直，……履陷地而灭趾，汗流珠而可掬，……可以挥落日而横天阗，触不周而动地轴！"绘声绘色地描写了这次盛大的拔河活动，体现了唐王朝泱泱大国的风采。在比赛期间，还有胡人外交官在座观看，唐玄宗也意欲在其面前显示大唐朝的威风。这也反映出拔河游艺活动的气势自古以来就是显示国力盛衰的一种方式。

唐代以后，拔河活动主要在民间广泛开展，但像唐朝这样大规模的、不同种类的拔河比赛在以后各代却很少见到了。不过，作为一种民间的节日娱乐活动形式，在各地一直流传至今，并成为人们普遍喜爱的形式之一。

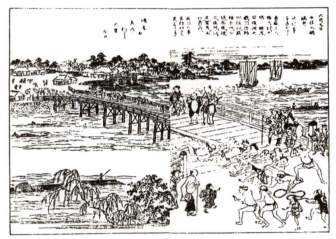

传入日本的拔河（选自《日本游戏史》）

当代少数民族中流行的拔河活动（选自《中国少数民族传统体育》）

踩高跷

　　高跷又称"脚把""柳木腿"等，是我国民间传统的民俗娱乐活动。

　　踩高跷在我国具有悠久的历史，《列子·说符》篇记载说宋国有个叫兰子的人，用比自己身体长一倍的两根木条绑在足胫上，去朝见君主。表明早在春秋时期就已出现了高跷的雏形。陈旸《乐书》中曾记载了汉代的高跷技艺，说明高跷已成为当时百戏活动中的重要形式。南北朝时，高跷又被称为"长跷伎"。郭璞在《山海经注》中称踩高跷的伎人为"乔人"。唐代的高跷在《封氏闻见记》中是被这样描述的：有人踩着五六尺的高跷在绳上踏舞，使人惊叹不已。到了宋代以后，踩高跷已在较大的区域流行起来。《东京梦华录》《都城纪胜》《梦粱录》《武林旧事》

《山海经》中记载的长
股国人（即"乔人"）

北魏高跷图（甘肃省敦
煌莫高窟壁画）

图说中国古代体育

中对当时的高跷活动都有记述。宋代称高跷为"踏跷"，每逢喜庆节日时，城乡艺人们便在"舞队"中踏起高跷，表演各种技巧动作，使观者惊叹不绝。

到了清代，高跷已成为大江南北最常见的观赏性民俗活动。李调元《观高跷灯歌》是这样描写的："正月十四坊市开，神泉高跷南村来。锣鼓一声庙门出，观者如堵声如雷。双枝续足履平地，楚黄州人擅此伎。般演亦与徘优同，名虽为灯白日至。"由于高跷要求表演者在腿上绑着数尺高的木跷来往逗舞，其技艺性很强，因而，要求表演者必须具备较好的素质。古代的高跷一般分为文、武两种：文高跷着重于踩、扭和人物情节的表演；武高跷除了一般的动作表演外，主要是特技显示，如一个人肩上驮着几个人，单腿跳走几十步，在跷上向后折腰，两腿劈叉坐地后又一跃而起，跳过三四条高搭起来的长凳，或从很陡的斜木板登上一人多高的独木桥等。有的地区高跷与秧歌舞相结合而成为颇负盛名的高跷秧歌舞。反映

秧歌

出高跷在民间流行之广以及深受民众欢迎的程度。

古代的高跷在表演形式上是多样的：有在广场上边舞边走各种队形的小场；有两三人（扮装的有渔翁、渔婆、俊锣等）为一组表演的小场；还有各种特技表演和歌舞小戏。高跷传统的表演节目有《踏跷竹马》《踏跷捕蝶》《踏跷舞八仙》《踏跷摸鱼》等。许多高跷表演节目在宋代已经出现，可见其传承性是很强的。

古代的高跷活动多与旱船、跑驴、舞龙、秧歌等表演活动合在一起组成"社火"（宋代称之为"舞队"），在春节或其他节日里走街表演。"庄稼人要得乐，唱戏要社火"，在受人们欢迎的社火里，高跷以其特有的舞姿技巧备受青睐。当代，传统的高跷活动仍非常受城乡人们的欢迎，其表演技巧也在不断提高，充分显示出其旺盛的生命力。

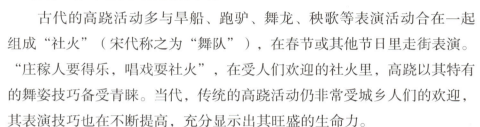

清代张恺　王继明·张启明　屈兆麟绘《普庆升平图》（卷）·踩高跷（故宫博物院藏）

图说中国古代体育

清代高跷图（选自《古代风俗百图》）

清代黄瑞鹄《迎春图》年画踩高跷（选自四川绵竹年画）

出人头地（踩高跷）（选自《点石斋画报》）

跑旱船

跑旱船也叫"旱船""旱划船""采莲船""荡湖船"等，是汉族民间传统的娱乐活动。

据文献所载，早在唐代，民间就出现了表演旱船的民俗娱乐活动。据郑处《明皇杂录》卷下记载，唐玄宗李隆基在东都洛阳五凤楼下大酺天下，命三百里以内的县令、刺史亲率当地的乐舞表演队来东都献演，并根据各地献演的质量与花样评出优劣进行赏罚。于是乎，各州县精心组织，力求夺魁。"府县教坊大陈山车、旱船、寻橦、走索、丸剑、角抵、戏马、斗鸡……"从这里我们知道，跑旱船已作为献演的主要节目出现了。到了

此中圖跑漢船之圖也用木做成船樣是上有布草棚下用布圍于此乃是拌成白蛇青蛇之樣站立船中前頭做成假女子腿盤膝而坐用枝船的一個此艇跟隨枝船的來往旋轉多逢廟季有此會名漢船會

清代跑旱船图（选自《北京民间风俗百图》）

图说中国古代体育

宋代，跑旱船则更加盛行。据周密在《武林旧事》中介绍，当时人们称之为"旱划船"，是正月元宵节期间社火舞队中的一项，常常与踏高跷、跑竹马、村田乐（秧歌的前身）等结队沿街演出，其规模"簇拥前后，连亘十余里"。表演时，临安（今杭州）的民众纷纷拥上街头，围观者笑乐不止。旱船是用木条或竹篾扎成船形，然后用彩布罩在上面，船下再用布围起来，多以男子装扮成女子"坐"在船上（做一对假腿，连在跑旱船者的身上，假腿呈盘腿而坐状摆放在船面上，似女子坐船的样子），边走边扭动起舞。旱船边有一扮撑船的丑角来往旋转，不停地逗趣儿。

跑旱船（选自义兴成年画）

舞旱船皮影（选自《杂戏》）

明清以后，跑旱船仍在全国许多地区流行不衰，成为年节喜庆或农闲时的一项不可缺少的民俗娱乐活动。在江南水乡，人们将湖中划船采莲的动作加以夸张美化，形成了富有地方特色的"采莲船"，边舞边歌，表现劳动或爱情生活。据《嘉兴府志》《严州府志》等地方志所载，每逢庙会及年节，采莲船便跑起来，民间艺人唱着俚曲，边舞边逗乐，使观者不住叫好。富察敦崇《燕京岁时记》载："跑旱船者，乃村童扮成女子，手驾布船，口唱俚歌，意在学游湖而采莲者。"各地民间跑旱船时，多与当地的民间小调结合在一起，边舞边即兴做出一些令人发笑的动作，以增强娱乐效果。例如陕西南部一带跑旱船（当地称之为"采莲船"）时，船左右配以手持棒槌的"胖婆娘"和手持拂尘的"骚和尚"以及不断摇着拨浪鼓的"货郎子"等角色，他们互相插科打诨，调情卖俏，惹得观众大笑不止。各角色在跑旱船时，还不时在锣鼓的伴奏下，即兴唱当地人喜爱听的"花鼓子"，具有很强的地方特色。从民谚"南京到北京，旱船、跑驴，舞龙灯"中可知，跑旱船流行地域之广。

清末拉旱船图（选自《北京老天桥》）

清代张恺　王继明　张启明　屈兆麟绘《普庆升平图》（卷）·旱船（故宫博物院藏）

参考书目

[1] 曾公亮 . 武经总要 [M]. 明刊本 .

[2] 王圻，王思义 . 三才图会 [M]. 万历三十七年刊本，国家图书馆藏书 .

[3] 席裕康 . 内外功图说辑要 [M]. 中国国家图书馆藏书 .

[4] 陈万里 . 陶枕 [M]. 北京：朝花美术出版社，1954.

[5] 陈万里 . 陶俑 [M]. 北京：中国古典艺术出版社，1957.

[6] 中华人民共和国体育运动委员会运动技术委员会 . 中国体育史参考资料 [M]. 北京：人民体育出版社，1957~1960.

[7] 中华人民共和国出土文物展览工作委员会 . 中华人民共和国出土文物选 [M]. 北京：文物出版社，1976.

[8] 故宫博物院藏画集编辑委员会 . 中国历代绘画 [M]. 北京：人民美术出版社，1978~1990.

[9] 欧阳询 . 艺文类聚 [M]. 上海：上海古籍出版社，1982.

[10] 中华全国体育总会宣传部 . 中国少数民族传统体育运动 [M]. 北京：中国体育图片社，1983.

[11] [日] 酒井欣 . 日本游戏史 [M]. 东京第一书房，1983.

[12] 宋兆麟，黎家芳，杜耀西 . 中国原始社会史 [M]. 北京：文物出版社，1983.

[13] 李少一，刘旭 . 干戈春秋：中国古兵器史话 [M]. 北京：中国展望出版社，1985.

图说中国古代体育

[14] 中国美术全集编辑委员会.中国美术全集 [M].北京：文物出版社，1985~1991.

[15] 中国青铜器全集编辑委员会.中国青铜器全集 [M].北京：文物出版社，1986~1995.

[16] 张纪仲，安笈.太原崇善寺文物图录 [M].太原：山西人民出版社，1987.

[17] 周芜.中国版画史图录 [M].上海：上海人民美术出版社，1988.

[18] 中国壁画全集编辑委员会.中国壁画全集 [M].沈阳：辽宁美术出版社，天津：天津人民出版社，1989 ～ 1993.

[19] 王连海.中国民间玩具简史 [M].北京：北京工艺美术出版社，1991.

[20] 中华文明大图集编辑委员会.中华文明大图集 [M].北京：人民日报出版社，1992.

[21] 北京市对外文化交流协会等.北京老天桥 [M].北京：北京文津出版社，台北：台北大圣文化事业有限公司，1993.

[22] 中国玉器全集编辑委员会.中国玉器全集 [M].石家庄：河北美术出版社，1993.

[23] 温廷宽.中国肖形印大全 [M].太原：山西古籍出版社，1995.

[24] 中国奥林匹克委员会.中国体育五千年 [M].北京：北京体育大学出版社，1996.

[25] 乔德光.中国古玩鉴赏与辨伪 [M].成都：西南财经大学出版社，1998.

[26] 中国历史博物馆.中国通史陈列 [M].北京：朝华出版社，1998.

[27] 中国武术协会.中华武术图典 [M].北京：人民体育出版社，1998.

[28] 上海图书馆.老上海风情录：体坛回眸卷 [M].上海：上海文化出版社，1998.

[29] 齐心.图说北京史 [M].北京：北京燕山出版社，1999.

[30] 崔乐泉.体育史话 [M].北京：中国大百科全书出版社，2000.

[31] 崔乐泉.杂技史话 [M].北京：中国大百科全书出版社，2000.

[32] 崔乐泉.中国古代体育文物图录 [M].北京：中华书局，2000.

[33] 崔乐泉 . 古代奥运会 [M]. 北京：大众文艺出版社，2000.

[34] 故宫博物院 . 清代宫廷绘画 [M]. 北京：文物出版社，2001.

[35] 崔乐泉 . 忘忧清乐：中国古代游艺文化 [M]. 南京：江苏古籍出版社，2002.

[36] 朱诚如 . 清史图鉴 [M]. 北京：紫禁城出版社，2002.

[37] 刘君裕刻绘 . 忠义水浒全传图 [M]. 哈尔滨：黑龙江美术出版社，2002.

[38] 刘恩伯 . 中国舞蹈文物图典 [M]. 上海：上海音乐出版社，2002.

[39] 佚名绘 . 北京民间风俗百图 [M]. 王克友，王宏印，许海燕，译 . 北京：北京图书馆出版社，2003.

[40] 宋兆麟，冯莉 . 中国远古文化 [M]. 宁波：宁波出版社，2004.

[41] 刘允禄藏，鲁忠民 . 洋画儿，市井民俗，灯会 [M]. 北京：人民美术出版社，2004.

[42][美] 爱德华，谢弗 . 唐代的外来文明 [M]. 吴玉贵，译 . 西安：陕西师范大学出版社，2005.

[43] 罗平 . 杂戏 [M]. 石家庄：花山文艺出版社，2005.

[44] 韦明铧 . 动物表演史 [M]. 北京：北京画报出版社，2005.

[45] 解维俊 . 齐都名人 [M]. 天津：百花文艺出版社，2005.

[46] 朱鹰 . 风筝 [M]. 北京：中国社会出版社，2005.

[47] 吕宏军，滕磊 . 少林功夫 [M]. 杭州：浙江人民出版社，2005.

[48] 解维俊 . 齐都成语 [M]. 天津：百花文艺出版社，2006.

[49] 王弘力 . 古代风俗百图 [M]. 沈阳：辽宁美术出版社，2006.

结　语

中国古代体育是经历了漫长的发展过程而逐渐丰富起来的。由于中国古代独特的东方传统文化思想的熏陶，使根植于中国古代社会经济、政治、军事、文化基础之上的中国古代体育具有了浓厚的民族特色和地区特色，其中有许多宝贵的遗产。它所体现出来的季节性、地域性和娱乐性，反映了中华传统体育的多姿多彩。它与中国古代哲学思想及道德教育紧密结合，表现出与传统思想文化的融合性。可以说，独具特色的古代体育文化，是中华各民族体育文化的汇合与交融的结果。它与中华民族的许多遗产一样，对人类文化宝库做出过有益的贡献，也从其他国家和民族的体育中吸取了不少营养。

中国是世界上著名的文明古国，也是体育古国。在原始社会时期萌芽，

清代习射纹五彩笔筒（巴黎吉美国立亚洲艺术博物馆）

唐代彩绘骑马击球陶俑群（美国肯萨斯市那尔逊·雅坚斯美术馆藏）

经过近 2000 年的奴隶社会和 2000 多年的封建社会发展而来的体育文化，具有相当丰富的内容。在 1840 年鸦片战争以前，以武术、气功和其他民间体育活动为代表的中华民族传统体育，早已在大众中扎根、开花、结果；各种养生思想、文武兼备的思想和注重德育、智育、体育的思想也已延续了多年。内容丰富的古代体育在 1840 年鸦片战争以后，不仅延续为中国近代体育的重要组成部分，而且也成为中国接受西方体育的内在条件。可以说，中国近代体育也是中国古代体育的延续和发展。

随着近代西方体育的传入，中国盛行了几千年的古代传统体育开始与外来体育并行且逐渐融合。在此基础之上，通过近代科学技术的影响，中国的体育开始形成了自己独立的科学体系，并且日益成为世界体育不可分割的一部分。

图说中国古代体育

后　记

　　2000 年，中华书局出版了由我编著的《中国古代体育文物图录》大型图谱，在学术界引起了较大的反响。尤其是在中国北京市提出申办2008 年奥运会，学术界掀起对人文奥运理念全方位探讨之际，该书的出版更是对人们了解中国古代传统体育文化提供了一个窗口。为了进一步向广大读者和学术界完整地展示中国传统体育文化的来龙去脉，应世界图书出版西安公司之约，此次以图说的形式，分门别类地把中国古代历史上流传已久的传统体育项目进行了介绍。

　　从以往的仅仅依靠古籍的描述和神话传说进行探讨，到如今利用考古学提供的大量的、不可多得的相关资料对中国古代传统体育文化进行研究，已经成为学者们遵循的主要方法和手段。也正是在此背景下，学术界重拾远逝的文化记忆，走进古人生活的研究方兴未艾，逐渐地为人们了解中国古代传统体育文化打开了一扇窗口。

　　在本书中，我对中国古代体育活动并不是简单地进行罗列和鉴赏，而是通过对古人的体育生活方式进行生动、活泼的描述，使人们加深对古人体育生活方式的了解。如果读者能够通过阅读本书，对中国古代体育文化有一个初步的了解，并能从古人的体育娱乐和竞技生活中吸取到有益的智慧和营养，也算是我对广大读者所做出的一点努力吧。

崔乐泉